岸本忠三　第 14 代総長

（撮影：北川 泉）

岸本忠三　第十四代大阪大学総長回顧録

大阪大学アーカイブズ編

大阪大学出版会

序文

大阪大学アーカイブズから依頼を受け、私の生い立ちと大阪大学医学部への入学から現在に至るまでの大阪大学におけるおよそ六十年間について、大阪大学アーカイブズ室長の飯塚一幸教授にインタビューを受ける形でお話ししたのは、二〇一五年八月から一六年四月にかけてでした。今ようやくこのような形で回顧録として刊行される運びとなり、感慨深いものがあります。

父親の思いを受け入れて大阪大学医学部へと入学し、恩師の山村雄一先生との出会いをきっかけに免疫学の研究者として歩みはじめ、研究者として、医師として、教授として大阪大学での経験を積んだあと、一九九七年に総長に就任し、退任後は総合科学技術会議議員などを務めました。この間、京都大学やハーバード大学などの教員となる機会があったにもかかわらず、私は結局大阪大学に残る道を選び、今も免疫学フロンティア研究センターの特任教授として大阪大学に籍を置いています。最初からそうなることを望んだわけではないのですから、振り返ってみるととても不思議な思いにとらわれます。

両親からはじまり、折々に指導を受けてきた先生方や、家族をはじめ私の研究生活を支えてくれた皆さんに囲まれて、ここまで歩むことのできた私の履歴を語ることが、大阪大学の歴史を振り返ることとなり、その歴史が多くの人々の学びと人のつながりへと紡がれていくのであれば、こんな幸せなことはありません。

口述を筆記したものですので、少し冗長に感じられるところや重複するところもあるかもしれませんが、お許しください。

また、最終章には、私の総長時代に学生たちに向けて話した入学式、卒業式、大学創立七十周年の際の式辞と告辞をまとめています。

時には内容が重複しがちになる四回にわたるインタビューを、その都度上手くリードしてくださった飯塚教授に感謝いたします。そのインタビューを文字に書き起こして本の形にまとめるまで、大阪大学アーカイブズ（当時）の菅真城教授、大阪大学出版会編集長の岩谷美也子氏には多大な尽力をいただき、刊行にいたることができました。また、本書に記された私の業務を、これまでサポートしてきてもらった、多くの秘書の方々の協力に厚く感謝申し上げます。

最後に、これまでさまざまなご支援、お力添えをいただきました多くの皆さまに、心よりお礼申し上げます。

二〇一八年三月三十日

岸本忠三

目次

第四章　大阪大学総長退任後 …… 86

第五章　式辞・告辞 …… 105

第一章　誕生から大学院時代まで

富田林に生まれる

飯塚　今日は、第十四代大阪大学総長を務められました岸本先生にお話をいただくシリーズの一回目ということで始めさせていただきたいと思います。二〇〇〇年九月に日本経済新聞に連載された『私の履歴書』（二〇〇三年に書籍化）がありますので、おそらく前半はそこで出てきたお話が基本になると思いますが、後半はそれから二〇年、総長時代以後について思い出されたことを、ざっくばらんにお話しいただけたらと思います。

先生がお生まれになったのが一九三九年五月ですから、昭和十四年ということですね。ちょうど戦争が本格化したころですが、幼いころの思い出をお話しいただければと思います。富田林でお生まれになって。

岸本　富田林は田舎だから良かったことがあります。戦争が始まったところで、空襲とかいろ

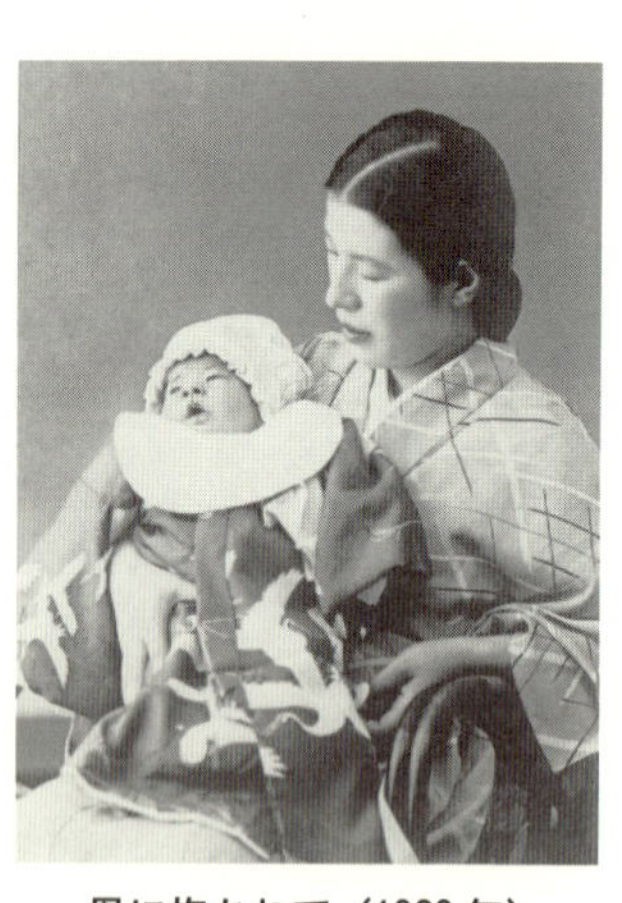
母に抱かれて（1939年）

いろなことがあった。だけど、富田林ですからね、空襲警戒警報がでると、庭に作った防空壕へ入るわけですけれども、飛行機は全部そこを通り越して、堺とか大阪市のほうへ爆弾を落として帰るんです。最後に残った一つぐらいは落としていくことが時たまありましたが。そういう時代でしょう、ちょうど学校へ行く前の時代はね。

そして、戦争が終わった翌年の四月に小学校に入学しました。終戦の次の年の春からだから、その前の教育は受けてないわけです。だから、教育勅語とか、そういうことは一切知らないのです。

一昨年（二〇一三年）、伊勢神宮の式年遷宮があったでしょう。それで、千里ライフサイエンス振興財団のフォーラムで、伊勢神宮の宮司さんに話をしてもらったのですが、雑談しているときに、「ところで、伊勢神宮とはどなたを祀っているんですか」と僕は尋ねてしまった。そうしたら、宮司さんが怖い顔をして「天照大神です」と言われた。昭和二十年までに学校へ入っている人だったら、必ず天照大神から始まるわけですけれど、僕ら戦後ですから、そういうことになってしまうのです。「あ、そうそう、あれは『日本書紀』に書いてありましたな」

と言ったら、「いや、『古事記』です」（笑）。

そういう時代に小学校へ入った。だから、古い教育がぱっと切り替わって、今まで古い考え方を言っていた人が、手のひらを返したように新しいことを言うというふうな時代の変化は知らないわけ。新しいところからスタートしているんです。

その代わり何もない時代で、「さくら、さくら、さいた」というようなのを書いた紙をおふくろが綴じて教科書にしてくれたり、ランドセルもボール紙だったり、小学校で食べられる草やイモのつるを採りに行って給食で食べたりという時代でした。

3歳のころ、自宅で

だけど、あと十年早く生まれていたら、今ごろ生きていないかもしれません。戦争に行っていたかもしれない時代とのちょうど切れ目の時代です。古い教育を全く受けていない、古い教育にさらされていない新しい時代だけれども、ある程度、戦争というものを知っている年代。でも、田舎であったから、そんなに空襲も受けてないし、そんなに食糧にも困っていない。周辺は農家だから、うちも土地を返してもらって、おやじもおふくろもイネやサツマイモを植えに田んぼへ行きましたよね。その当時は、小学校も皆、農繁期の六月、十月ぐらいになったら休みになって、田植えとか稲刈りとかに行ってました。

小学校の途中まではそういう時代を過ごしていました。

しかし、本を読むことは好きだった。だから、親戚の人も皆、「あの子は変わっているな」と言った。というのも、食べるものより絵本をお土産に持っていった方がものすごく喜ぶというふうな子どもでしたから。本を読むのが好きというのが、やっぱり後々まで続いていると思います。

それから、親が教育に熱心ということも大事だと思います。おふくろがPTAの役員をしていて、毎日というほど小学校へ来ました。友達が、「あ、また岸ちゃんのおっかあ来たで」と言うほど。やっぱり親が子どものことに一生懸命になって教育するということが、非常に大事な環境を作っていくというふうに思うんです。

最近は、エピジェネティクス（epigenetics）といって遺伝子発現は単にDNAで規定されるのではなく、環境によって後発的に修正されるとされています。したがって、育っていくときの環境というのは非常に大事だと思うんです。おふくろは、ほかに兄弟もいないし、なおさら一生懸命に教育したんです。そんなふうに小学校時代は、食糧を確保して育っているし、体も大きかったし、走るのも速かったし、勉強もよくできた。

物理学か医学か

飯塚　先生は小学生のときの作文で、「野口英世のようになりたい」というふうにもう書かれていたそうですね。

岸本　おふくろは、そういう絵本をよく買ってきてくれました。その時代の日本にとってみたら、野口英世は英雄ですね。貧しい中で育って、手にやけどをしながら一生懸命に努力して、アメリカへ渡って医学で偉大な業績を上げたというストーリーがね。それを読んで自分もそういうふうになりたいなと思った。それが医学部へ行く原動力になりました。

その後、湯川秀樹が日本人として初めてノーベル賞をもらいましたね。私は、中学・高校時代は数学や物理が好きだったので、やっぱり物理学をやりたいというふうに途中からは思い始めたわけですけども。

中学校の学芸会（1953年、左端が著者）

飯塚　『私の履歴書』を読ませていただくと、お父様は医学部でなければいかんのだと言われたのですね。

岸本　いかんというか、中学時代から体の調子が悪くなったんですよね。それで三年間ほどストレスか何かわからんけど、不整脈がものすごく出るようになったんです。その当時だから、何かわからんということで怖くなるから動かんようになるでしょう。ちょうど思春期のときに体を動かさないということは、成長ホルモンの分泌を止めますでしょう。だから、中学校へ入った時は列の一番後ろに立っていた者が、三年終わった時には一番前というぐらい、全然、身長が伸びなかったわけです。
　そして高等学校へ行ってから、今度は急に身長が伸びたんですね。三年間で百四十センチくらいから百七十センチまで三十センチくらい伸びたわけだから、ものすごく成長しましたね。
　そういうことでおやじは僕が体が弱いと思い込んでいますから、東京へ行くなどということはもってのほかだと。僕は物理学をやるのなら東京だと思っていたけれど、当時のことだし、東京なんて遠くに行かせる余裕はないと言われたわけ。親にとってみたら、そんなとこへ行かず、大阪で行け、大阪といったら阪大医学部しかないと。それで医学部へ行けということを言われたわけですよ。おやじは自分も行きたかったけど入れなかったから学校の先生になっていたので、医学部に行ってほしいという気持ちがあったわけですよね。

飯塚　なるほど。これもお父様の思い出ということで、大阪大学を受けられたときに、お父様が合格発表をこっそり見に行かれたそうですね。

岸本　そう。僕は東大に行こうと思っていた。そうしたら、富田林高校というのは、三年に一人くらいしか東京大学に行かないんですよ。その当時、まだ阪大は十人近く入っていました。

このごろ、それもぐっと落ちてきたけどね。

　話は全然飛びますけど、富田林高校の同窓会長を頼まれたんです。それは何でかといったら、大阪府の中で学区制がなくなって、そうするといよいよ優秀な者はほかへ行ってしまうから、何とかしないといけない。それで大阪府立で初めて中高一貫校にするということをやってくれと。それで同窓会長として教育委員会と掛け合って、大阪府立高校で最初の中高一貫校に再来年（二〇一七年）からなることが、おととし（二〇一三年）に決まったんです。今の小学五年生が入学するときにはそうなる。そうすると周辺に、小学生用の塾ができてきていて、やはり優秀な子どもを集めることができるんじゃないかと言ってます。それで、その目的のために何年間か同窓会長をしてます。

高校時代（1956 年、京都で。後列左端が著者）

　そうすると、やっぱり言われます。「なんで大阪府で最初に中高一貫になるのに富田林ですねん」と。たいてい昔の進学校が中高一貫を併設していますよね。そしたら、大阪はなんで北野や天王寺でなく富田林だと言われるのだけれど。話が横へそれていきますね（笑）。

　だから、東大に行くのがなかなか珍しかった時代に、三年に一人富田林から行くんです。僕は全国共通の模擬試験とかを受けたら非常に成績がいいわけ。それで富田林高校としては、東京大学へ入りましたとかいうのがいいわけです。そうすると、僕も一生懸命になって、「先生も皆、東大へ行けと言っている」と言うと、おやじが校長先生のところに「何もわからんうちの子どもをけしかけて、こんなことを言わんといてください」と怒鳴り込んで行ったんです。「おたくの子どもは東京大学へ行けますと言うたら、親は皆、喜んでくれる。東京大学へ行けと言われて怒鳴り込んで来た人は初めてや」と後々まで言われました（笑）。

「しゃあないな」—人生の転機—

岸本　それで「阪大医学部へ行け、行け」というおやじともめていたんだけれども、どういう拍子にか「それやったら、もうしゃあないな。行きたいところへ行け。やりたいことをやったほうがええやろう」と言われたんです。そう言われたらやっぱりおやじの言うとおりにしようかなあと。あちらが折れれば、こちらが折れますでしょう。

後に、ハーバード大学に呼ばれたときに、山村雄一先生がものすごく反対しました。国の金でそこまでしといてもらって、今さらアメリカへ行ってしまうのかと言う。しかし、女房が見舞いに行ったとき、「そこまで言うならしゃあないなあ。行ったほうがええかも知らんなあ」

と言ったそうでね。そうしたら、やっぱりやめておこうかと。相手が、わあっと言ってくると、「なにを」というふうになるじゃないですか。相手が引くと、こちらも引きますでしょう。そのときは同じことが、また起こったなというふうな感じがしました。

それで、おやじが「東京へ行きたいなら東京へ行け」と言ったときに、そう言うんだったら阪大へ行こうかと。阪大だったら医学部しかないじゃないかと。「こんなもん、向こう側へ通り抜けて落ちるわ」と言って。

父 忠信と母 康子（1970 年代、大阪市内で）

数学なんか、ぱあっと見たときに、こんな易しいもんで差がつくのかなと思って解答したら、いっぱい見落としをしてて、後から予備校の正答を見たら、ここのところは、プラスとマイナスが違うじゃないか、ここも違うじゃないかと、全部どっか間違っていて、これはもうあかんわ、落ちたと思って。そうしたら高校の先生が「あいつは阪大へ行くのが嫌やったから、ようして落ちよったんや」と言うんだけど、そうじゃない。

で、これはえらいこっちゃなと思った。それで、どうせもうあかんからと思って、予備校のほうに手続きしたりして、発表を見にも行かなかった。そしたら、おやじが、平日で学校に行かなきゃいけない日なのにこっそり見に行っていた。「通ってた、通ってた」と喜んで帰ってきたのを覚えています。それで、その後、僕も見に行った。そしたら、非常にいい成績で通っていた（笑）。

阪大教養部の思い出

飯塚　そういうことで大阪大学に入られるのですが、当時は、教養部があったのですね。

岸本　石橋と北畠。北畠は、今は住宅公団の住宅になってます。そこを北校と南校と言って、僕は富田林の自宅からだから南校のほうに行った。北校へ行った人と半々ぐらいで分かれてました。

飯塚　教養部の授業で、とくに犬養孝先生の万葉集の講義に惹かれたそうですね。

岸本　入って最初の授業でだったかな。ものすごい名調子で、「石走る垂水の（上のさわらびの萌え出づる春になりにけるかも）」と歌われた。犬養先生の講義はずっと出ました。あとはあまり出てなかったかなあ。

飯塚　記憶にはあまりないということですが、ちょっと一つ面白かったのは、二十五メートル泳げないと進級ができないというお話です。

岸本　そうそう。小学校時代、夏は、近所の子どもが皆近所の川へ泳ぎに行くんです。

飯塚　富田林の川がありますね。

岸本　石川、それが大和川になって流れる。その石川で皆、泳ぎます。だけど、おふくろが「そんなところで泳いだら、上流で赤痢が発生したりしたらたいへんや」と言うて、行かさないわけです。中学のときは不整脈で半分ぐらいしか学校へ行っていないし、体操も出てない。だから、水泳ももちろんしていない。そうすると、高等学校になったら全然泳げない。

大学の教養部の二年が終わって、それから専門の医学部へ入る関所が、あのころははっきりしてましたからね。そこのところで二十五メートル泳げなかったら、この進級はないわけです。

飯塚　それは皆さん大変だったと思いますよ（笑）。

岸本　それで、夏休みに高校へ行きました。高校の一年生のとき、受け持ちの沢本正男先生が体操の先生だったんですが、非常にいい先生で、体育を見学ばかりしている僕に「おまえ、そんなもん、じっとしとって何もできなんだら、将来、例え生きてたとしたってどうもならんやないか。思い切ってやってみい。走ってみたらどうや」と言われて走ったところ、だんだん

万葉旅行（1958年、前列中ほどが犬養先生）

高校１年生
（1955年、前列中央は沢本先生、左端が著者）

走れるようになって体操もできるようになってきたんです。そしたら、身長も伸びてきました。
富田林高校には立派な五十メートルのプールがあるんです。そこで大学一年生の夏休みに一カ月、その先生に教えてもらって、平泳ぎで泳ぐ訓練をしたんです。

飯塚　それはすごいですね、先生のほうも（笑）。

岸本　そのころ、担任が堀一郎という物理の先生でした。そのころは、担任の先生が家へ呼んだり、いろいろ話をするとか、そういうのがありましたね。北校のほうはあまり知りませんでしたが、同じ年代で、今になってから一緒だったなということでよく付き合うのが、前のパナソニックの社長の中村邦夫さん。北校で経済学部でした。そして、その一年上だったのが法学部の西川善文さん。

医学教育への疑問

飯塚　その後、医学部に進学されるわけですよね。そこで山村雄一先生にも出会われるのですね。

岸本　それはずっと後のほうですよね。

飯塚　そうですね。それで、あまりこういう言い方をしていいのかわからないのですが、医学部の詰め込み教育はどうかと思われていたのですね。

岸本　そうそう。解剖学といったら、骨を持ってきて、例えば頭蓋骨というのは、たくさんの神経が脳から出て、三叉神経をはじめとして十何本が、どの穴からどこへ行っているとか、これを通してこうしてと、その穴の名前から何から、骨の形から名前から全部覚えるわけです。それが、あほらしくて、ばからしくて。

　このごろ、解剖学というのは、あんまりしないようになってしまったように思うんですけどね。生物何とか学とか、名称も変わってしまって、あんまり解剖学とか、そういうことに重点を置かないし、特に骨の名前を全部覚えて、穴まで全部覚えろというようなことはしないようになった。

　だけど、後から考えてみたらね、どっからどの神経が出ててという知識、これは整形外科で教えるんだろうと思うけれども、そういう知識というのは非常に大事ですね。どこがこうだから、あそこのところがどういうふうになってるんだなと。あそこから神経が出てとか、あそこの血管がこうで、入ってどうとかいうことが、やっぱり医者としては、最終的にはそれを全部知らないといけないのだけれども、その当時は何のことかわからない。病気と関連づけないで

親友の三宅良昌君（工学部）と
（1958 年、大学 1 年の時）

やっていましたからね。
それから組織学とかいって、顕微鏡で組織の標本を見て全部スケッチするんですが、僕は絵が下手で一番嫌いだったんです。「おまえの絵はむちゃくちゃやな」と今でも言われます。医学部には上手な人が多いんです。銀潮会とか、毎年、心斎橋の画廊で展覧会したりしておられるじゃないですか、みんなね。同級生も皆、上手です。

僕なんか、「もう、絵、むちゃくちゃや」といまだに言っている。でも、あれも一生懸命に見て、何か描いてると、やっぱりわかるんですね。その後、どういう病気の組織がどうだったとか。そのようなのが、最初の医学部の前半です。

それで後半の臨床のほうに移ってもね、当時は、黒板に「肝硬変」と書いて、肝臓が悪くなって硬くなった終末像だと説明する。どうしてそうなるのか、そうだからどうなるのか、どうしてそれが起こったとか何にもない。

また、ある先生はね、何年も同じノートを、だあっと読むわけです。そうしたら、みんな、それを書くわけ。でもあほらしくて書いてられないから、僕は何もせずにいた。そうしたら、えらい怒られて（笑）。そんなんばかりでした。

師・山村雄一との出会い

岸本　そこへ山村雄一先生が、九州大学の生化学の教授から来たわけでしょう。非常に論理的で話は上手だったし、「ほう、そうか」というような話をした。それで僕は、この人のところへ行こうと思ったんです。

医学部の友人たちと（1963年、右端が著者）

飯塚　その山村先生が来られる前に、遺伝子の大家の吉川秀男先生の講義があったのですね。

岸本　吉川先生はショウジョウバエの眼の色が赤くなる遺伝異常はキヌレニンができるかどうかによって決まること、すなわちトリプトファンからキヌレニンに代謝される道筋を規定する酵素は遺伝子によって決定されるだろうという一遺伝子一酵素という概念を打ち出しました。

大阪大学初代の生化学の教授だった古武弥四郎先生はトリプトファン代謝でトリプトファンからキヌレニンが生成されることを発見しました。

早石修先生はトリプトファンからキヌレニンを生成する酸化過程は、脱水素ではなく直接酸素を添加する酵素の反応機構によること、すなわち生体の酸化という現象に直接酸素を添加するという道筋があることを発見しました。

また、次田皓先生がカリフォルニアでニーレンバーグ（Marshall Warren Nirenberg）とかと一緒に研究して帰ってきていて、三つの塩基で一つのアミノ酸ができてきてつながっていくという話をすると、ものすごく面白いなと。それで僕は、微研（微生物病研究所）へ行って研究者になろうと思っていたのです。

そこへ、山村雄一先生が来られた。山村先生は、昭和十六年に医学部を出て海軍へ行って、帰ってきて刀根山療養所の医者をされていました。当時は、一番の国民病は結核です。今だったら、肺に何か起こったら癌を心配するけれども、その当時は結核で皆死ぬ時代で、その一番の原因は、肺に空洞ができることです。だから、肋骨を取って肺を収縮させるとかいろいろなことやりましたけど、あかんわけね。それで、なぜ空洞ができるかという、その機構を明らかにすれば治療法も出てくるだろうということを研究されていました。

それがまた一期一会で、刀根山の院長だった渡辺三郎先生と赤堀四郎先生（第七代大阪大学総長）が知り合いで、一緒に酒を飲むとこへ山村先生が連れて来られていたんです。

飯塚　偶然だったそうですね。

岸本　そうです。その後、山村先生は刀根山で医者をしながら理学部の赤堀先生から生化学を教えてもらったわけです。

それで、結核の空洞がなぜできるかを調べるために、まず結核に感染したウサギにもう一度結核菌を大量に注射したのです。そうすると空洞ができる。一方、もう一つのグループとしてコントロールの実験は必ず要る。それは全部煮沸滅菌して殺した結核菌を注射したんです。そうしたら、やっぱり同じように空洞ができた。そうだから、それをやっている人に、「ちゃんと滅菌してないだろう。もう一遍やり直せ」と言って徹底的に加熱滅菌して殺して菌を入れても、そのほうが余計、立派な空洞ができたわけです。

山村先生（左）と（1984 年）

そこで、空洞ができるというのは、生きた菌が肺の組織を食い殺すのではなく、ツベルクリン反応が起こるのと同じ現象で肺が壊れるんだ、すなわちアレルギー反応だということを見つけたわけです。

その当時は、まだ遅延型アレルギーとか、Tリンパ球とか、細胞性免疫とか何もわからない時代だったけど、結核の空洞は死んだ菌でも起こるという研究は、世界で最初だったと思う。ロックフェラー大学は遅延型アレルギー反応という同じようなことはやっていましたけどね。

そのことで山村先生は朝日賞をもらって、九州大学が生化学の教授として呼んだわけです。九大に五年ぐらいいました。それで、阪大の第三内科へ。第三内科は呼吸器ですから、最初からずっと結核のためにというので作られた。医学部の門の前に銅像がある佐多愛彦先生が東京大学から来て、結核を研究し、その次に第五代阪大総長の今村荒男先生が日本で初めてＢＣＧで免疫するということを研究したのです。

そして一人挟んで山村雄一先生。やっぱり結核が専門だからそうなるわけですけれども、その時分の内科ですから、海軍から療養所へ行って理学部へ行き、九大の生化学の教授だった人を、なんで内科の教授にするんだというので反対もありました。しかし、当時の小児科の西沢義人先生とか、薬理の今泉礼治先生が一生懸命になって、山村先生を呼んだということです。

僕は、医学部へ入るときでも、医者になるつもりはなかった。おやじが「医学部へ行ったら、べつに医者にならんでも研究者にもなれる」と言うので医学部へ行ったんですけれども、そこで山村先生の講義に感激して第三内科へ入ったわけです。そうだから、何をするかというのではなしに、先生を選んだんです。

それで僕はいつも学生に、親を選ぶことはできないけれど、先生と伴侶は選ぶことができる。その二つをどう選んだかによって人生は決まると言うんですけどね。僕は、山村先生を選んだことによって方向が決まりました。

山村先生は、自分の経験もあって、まず半年、ちゃんとした実験の手技を身に付けるために自分がいた赤堀研の、当時は松島祥夫という化学の教授のところへ半年行ってこいというので研究しに行きました。

ちょうど、その半年は、まだ中之島に理学部があって、豊中へ移るときでした。僕が行っているときに移転があって、最初は中之島へちょっと行って、それからずっと豊中の理学部の当時助教授だった池中徳治先生のところへ行きました。

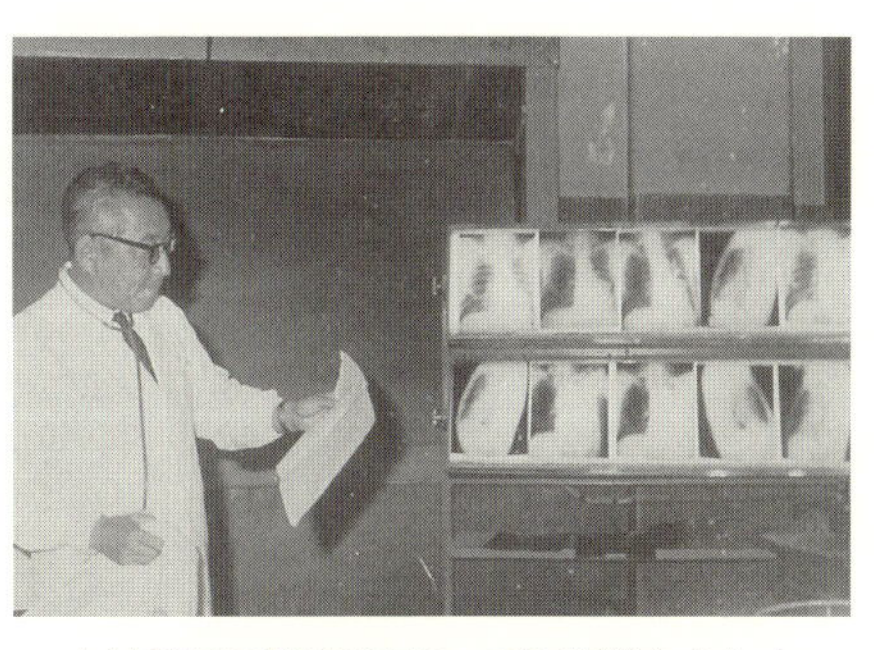

山村教授の講義を聴いて免疫学を志した

飯塚　山村先生のほうから、半年間、理学部に留学してこいと言われたのですね。

岸本　ですから、直接山村先生から習ったわけじゃないけれども、常に傘を差し掛けてくれて守ってくれたという感じはありますね。人の言うことを聞かない僕に、山村先生は、「そんなもん、上のやつは蹴っ飛ばしてええねや。せやけど、下のやつはかわいがれよ」といつも言われました。

山村先生のところへ行ったおかげで、僕は大阪大学にとどま

理学部の池中先生（左から二番目）と
（1989 年、朝日賞受賞パーティーで）

りました。たぶん他の昔流の教授のもとへ行っていたら、きっと外国とかに飛び出していたでしょうね。

DNAとの関わり

飯塚　一番最初に興味を持った微研の遺伝学の先生のもとで分子生物学を研究されようとしていたところ、山村先生と出会われて免疫学に方向転換され、その後に、また分子生物学に出会われるのですね。

岸本　出会うのは遺伝学の吉川秀男先生で、その次の次の世代の先生。その先生が途中で亡くなられるんです。それで教授選があったわけ。それは、僕はもうアメリカから帰ってきた一九七五年かな。

そのときは、アメリカでは知らなかったけれど、同じボルティモアのカーネギー研究所という所に本庶佑先生がいた。同じ一九七四年に帰国して、東京大学の栄養学の助手になっていた。僕が本庶先生の研究で感動したものはいくつかあるけれども、その一番最初の研究がその東大助手時代の研究です。抗体の遺伝子は変化するという機構には二種類あります。一つは抗体が森羅万象あらゆる抗原を認識できるのは抗原認識領域の遺伝子がいろいろすげ替わることと、これはノーベル賞になった利根川進氏の研究です。もう一つは最初ＩｇＭを作っていた抗体産生細胞がＩｇＧやＩｇＡを作る細胞に変わること、これはＩｇＭ、ＩｇＧ、ＩｇＡと並んでいる遺伝子の途中が欠落することにより起こるというのが本庶先生の発見です。

それで、医学部長だった山村先生に「遺伝の教授に、今、東大で助手をしている本庶さんがいいように思うんですけど」と言った。そうしたら山村先生は「それは誰や」と言うので「ここで彼がしゃべりますから、一遍聞かれたらどうですか」とちょうど講演予定だった学会を紹介したんです。そうしたら、山村先生は聞きに行った。そして帰ってきて、「うん、あれはええな。あれでいこうか」と言って推薦し、一、二票差で教授に決まったんです。

それで、まず最初に医局に入ってきた大学院生を本庶先生のところへ、ＤＮＡを勉強してこいと行かせたんです。そのころ本庶先生は研究費もたくさんもらって新しい機械をいっぱい入れていた。こっちは病院のほうの古い研究室でなにもない。医学部は橋を渡った向こうにあったんですが、本庶先生のところにいかせた医局員（審良静男）が「田蓑橋を渡ったら違う世界があった」と言っていましたよ（笑）。

人事の秘訣

岸本　だけど、本庶先生は早石先生が辞めた後の教授として京都大学へ帰ってしまったのです。最初の予定では、その当時、山村先生が総長になって、細胞工学センターができて、岡田善雄先生が所長になって、松原謙一先生がいて、本庶先生をそこへと思っていたわけです。ところが本庶先生はいなくなった。だから、やっぱりＤＮＡをやれる人が欲しかったんです。

それで、僕がその当時に知っていたのは、谷口維紹先生。彼はちょうどチューリッヒ大学でインターフェロンの研究をして、その当時、東京の池袋にあったがん研究所へ帰ってきて、インターフェロンの遺伝子を初めてクローニングして有名になっていました。それも、まだ三十代の前半で生化学部長になっていて、いわばがん研の一つの目玉だったのですね。

僕は彼に「大阪の細胞工学センターへ来いと言ったら来るか」と聞いたところ、彼は和歌山の出身だから、決めたら来るなという感触があったわけ。それで岡田善雄先生に「谷口維紹を呼んだらどうですか」と言ったんです。そしたら、「それはええな」ということになり、岡田先生が、当時のがん研究所長の菅野晴夫先生に会いに行かれたのです。しかし、帰ってきて、「そんなもん、けんもほろろや。あかん、やめとこう。他の人を探そう」と言う。それで僕は、もう一遍、山村総長の所へ行って「谷口維紹というのが非常にいいように思います。岡田先生が行ったけど断られた。その人を何とか引き抜くことはできませんか」と言ったんです。山村先生に「どないしても、その彼が必要か」と聞かれ「どうしても僕は必要やと思います」と。そうしたら、「よっしゃ、わかった」と言われた。

それからしばらくしたら、谷口先生が来ることに決まりました。後から聞くと、「何や知らんけど山村先生が来てな、吉兆へ、夕食を一緒にとかいうて呼ばれたんや。なんでやろう思うて行ったら、ぱっと下座に座って、手を突いて、『谷口君をいただきたい』と言ったんや。断るわけにいかへんしな」と菅野先生が言われていたそうです。

それで、谷口維紹先生はこっちへ来られた。まだ三十代の初めごろだったから給料はまだ助教授のレベルでした。同じフロアの隣どうしで、全部、彼から学んだ。それがインターロイキン６（ＩＬ６）のクローニングにつながったのだけど、彼がいなかったら、なかなか難しかったと思う。我々は医者からスタートしているが、彼にはあらゆるノウハウがあったから。

だから、僕は今の学生に言うんです。三十歳まで医学部を出て研修して、ＤＮＡあるいは基礎的な研究で競争しようと思っても追い付くはずがないんだと。しかし、我々は医学を学んで病気を知ってい

「Cancer Research」の表紙に掲載された谷口教授（右）と著者

る。なぜこの病気になるんだろうか、どうしたら治るだろうか、この現象に対しては、この病気の材料からスタートしたらいいとかいうようなことがわかるから、そこのところを最大限に利用する。そうしたら、あとは専門家に任せたらいいと、そういう発想でね。

その当時は皆、本庶先生も谷口先生も、我々よりもずっと上ですよ。その次が長田重一先生でしょう。だけど、僕がいつも言うことは、自分より偉いと思う人を一生懸命にそばへ呼んでこいと。往々にして日本人は、自分より偉い人をなるべく避けて、そうではないような人事をしようとするじゃないですか。それが駄目になっていく一つのファクターだ。自分よりも上の人、そういう人をそばへ呼んで来て、そしてその人と競争するというか、その人を目指して頑張るということが、全体の組織も良くするし、必要なことだと。

だから、誰を呼んでくるか、誰を教授にするか、そういうふうな人事をするかは大事なんです。長田先生も、大阪バイオサイエンス研究所へ頼みに行きました。ところが、早石先生がわざわざ、また来ましたよ。「彼をその次の研究所長にしようと思うてるから、こっちへは取らんといてくれ」と言ったけど、「本人の意思です」といって来てもらった。

そうしたら、今度は審良静男先生を京都大学に奪われかけたんです。で、審良先生も行くつもりでいた。僕は「あほなこと言うな、僕は大阪大学で育てられ、大阪大学で仕事をし、大阪大学のために働き、そして、ここまで来た。よく考えてみたら、それが自分にとっては非常に良かった、幸せだったと思ってる。べつに首に綱を付けて引き戻すわけやないけども、もう一遍考えたらどうや」と言ったんです。審良先生は「おやじが岸本先生の言うことを聞けと言った」と、大阪にとどまって、その代わり長田先生が京都へ行ったんです。だけど、停年後また、ここ（免疫学フロンティア研究センター）へ特任教授で戻ってきています。だから、人材が全部ここに集まっています。

自分よりいい人、偉い人、あるいは競争になる人を集めるということが、やっぱり非常に大事なことなんです。

二〇〇〇年ごろだったかな。僕が総長のころ、本部の事務職員が「先生、今日はノーベル賞の発表の日ですけど資料を集めときますか」と言ってきたんです。それで、「そんなもん要らんで」と言った。そうしたら、「先生のと違います、長田先生ですがな」と言いよった。四、五年前には、今度はＮＨＫや朝日新聞社からいっぱい電話かかってきて、「先生、この日はどこにおられますか」と。「なんでや」と言ったら、「いや、先生のお弟子さんの審良先生がもらわれるかもわからんから、そのとき、先生の話を聞かないかんから」って（笑）。

日本の免疫学の中心的な研究者はだいたい皆ここにいるという人事は、一番基本的な、自分より偉い人を連れてくるという発想から成り立っています。これが、日本人にはちょっと足らないように思うんですよね。そういうのを皆避けて、自分の言うことを聞くような人を集めようとする傾向がありますね、人事の中で。それをしてると、その組織は駄目になる。

飯塚　ちょっと話が戻りますけれども、池中先生のところに半年間留学されているときに共同研究の成果を出そうという話があったけれど、イギリスの、ロドニー・ポーター（Rodney Robert Porter）さんに敗れて、研究の厳しさを初めて知るというのがあったんですが。

岸本　いや、敗れるというわけじゃないけれども。抗体はH鎖二本L鎖二本の四本の蛋白分子より成り立っています。したがって蛋白分子のN端は四つ検出されるはずですが、通常の手法では二つしか検出されません。これはH鎖のN端グルタミン酸がループを形成しているためです。そういう研究をロドニー・ポーターも同じようにしていました。僕がそれをやっていたころは一九六五年ですから。一九七二年にポーターとエデルマン（Gerald Maurice Edelman）が、抗体の四本鎖構造の解明でノーベル賞をもらいましたね。だから自分は、そんな人と同じようなことを、ちょっとはやりかけてたんだなという話で、別に惜しいとも何とも、まともなことしているんだなと思いましたけど。

アメリカ・石坂研に留学

飯塚　なるほど。一九七〇年に、ジョーンズ・ホプキンス大学の石坂公成先生のところに行かれるのですね。きっかけは何だったのでしょう。

岸本　その前、たぶん一九六〇年代だったんでしょうね。石坂先生は、いったんアメリカのカリフォルニアへ留学して、ものすごくいい仕事をして帰ってきて、東京大学の免疫学の教授候補になったんです。まだ三十代の初めごろでしたが、そのころ、山村先生らが、免疫学に力を入れるべきだと考えておられて、それで石坂先生とも知り合いで推薦していました。ところが東京大学は、もう発想が古くてよう乗らない。

それで石坂先生はアメリカへ行った。小さいデンバーの小児喘息研究所というところでしたが、良かったことは、そこには、小児喘息の子どもを入院させていたので、アレルギーを引き起こす抗体ＩｇＥが非常に高い子どもがたくさんいて、その血清からアレルギーの原因はＩｇＥであるというのを見つけるわけです。

それは、北里柴三郎の抗体の発見後、逆に抗体でアナフィラキシーショックを起こす現象があるということが見つかってから、なぜかということがわからなかったんですが、その原因がＩｇＥであることを発見したのです。

今や、国民の一割ぐらいはアレルギーですね。ＩｇＥの抗体で花粉症などが起こりますね。山村先生がやっていたのは遅延型アレルギーだけど、即時型アレルギーはすぐ起こってくるんです。

それで石坂先生はジョーンズ・ホプキンス大学の教授に呼ばれるわけです。それが一九七〇

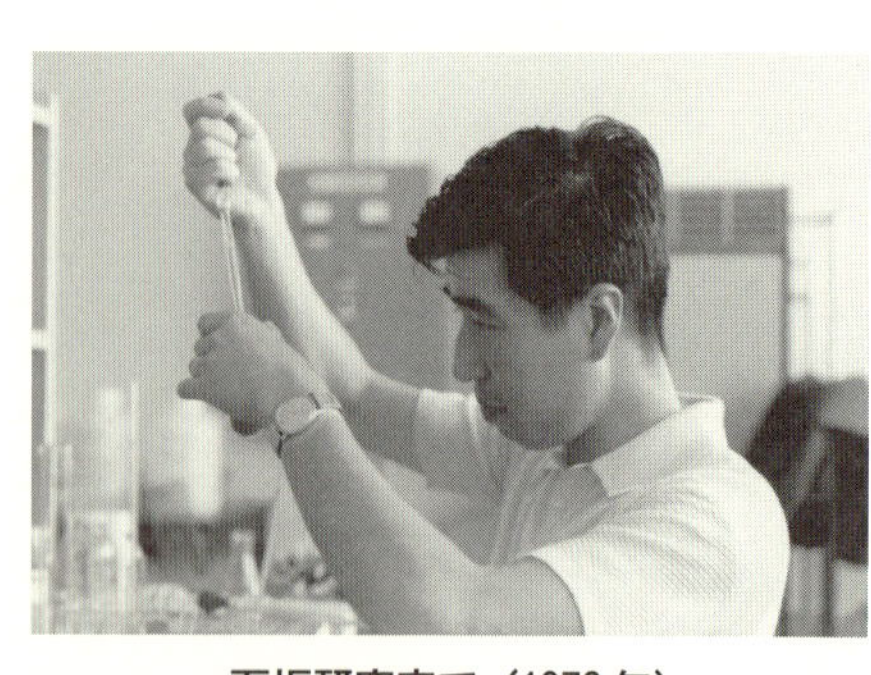

石坂研究室で（1972年）

年で、ちょうど僕は大学院が終わったところだったから、山村先生が石坂先生のところに行けと言ったんですよね。しかし僕は、「もうちょっと偉い人のところに行こうと思ってます」と言って（笑）。すると山村先生は「そうか、石坂君は偉いと思うけどな。まあ考えといてくれ」と言って。それで結局は行くことになって行ったわけです。

そうすると、やっぱり偉かったというか、土曜も日曜もないんですね。で、一週間の研究した結果を日曜日の昼から半日ほど、いろいろ、そうでもない、こうでもないとか、そうしたら、こう考えたらどうだろうか、来週はこういうふうに実験してみようかというふうな、ずっとそれが続くわけね。

こういう研究の環境から私の以後四十年間のライフワークがスタートすることになります。一九六八年に免疫の働きをつかさどるのはTリンパ球、Bリンパ球であることが明らかになり、またBリンパ球が抗体を作る、しかしその過程にTリンパ球が必須であるということです。私はTリンパ球はたぶんBリンパ球に抗体を作れと指示する分子を作っているだろうと考えました。そして事実一九七三年そのような分子がTリンパ球から作り出されていることを見出し論文を発表しました。この分子が後にＩＬ６と呼ばれる分子です（図）。

夏休みになったら、日本から留学してきた人は、みんな家族と一緒に自動車でロッキー山のほうに行ったり、カナダに行ったりするじゃないですか。石坂先生は「あの人たちは、もう何回も外国へ行くわけやないから、今いろいろなところへ行っておくんです。君は、そのうちに、もう嫌というほど世界中に行かんならんことになりますから、今、行く必要はないんです」と、うまいことを言って、なんでやと（笑）。土、日も夏休みもなく、一年中研究に没頭する態度が誰もなしえなかったアレルギーの原因となるＩｇＥの発見につながることになったのだと思います。

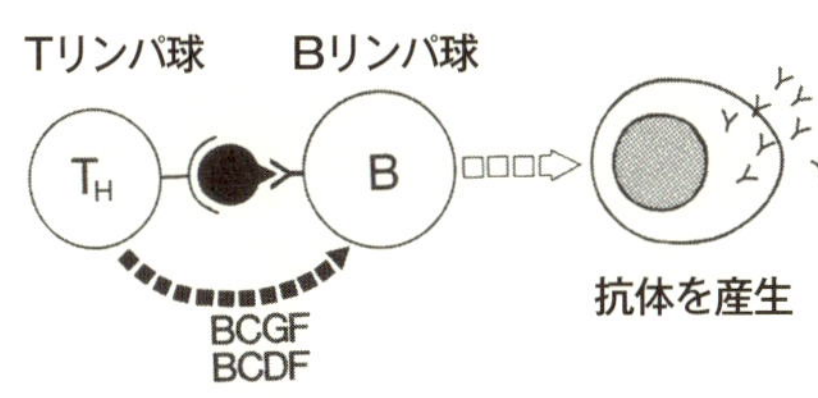

Ｂリンパ球は、Ｔリンパ球が作る
IL-6 の指示を受けて、抗体を作る

石坂先生のＩｇＥの発見は、今でも医学上のものすごい発見です。それで、あらゆる国際的な賞を受賞しました。それでアメリカの学会も、日本の学会も、記念のイベントを行います。来年（二〇一六年）がＩｇＥ発見五十周年。

飯塚　なるほど。その石坂先生が京都大学に呼ばれることになったときに、先生にもお話があったのですね。

岸本　それで一緒に来いと言われたんです。京都大学から石坂先生を引っ張りに早石先生がわざわざ来ましたよ。だから、京都大学に

平野君、高津君ら（左側）と
（1973年、ボルティモアで）

免疫研究施設を作って、そこへ呼ぶと。そこへ助教授で一緒に来ませんかと言われたわけ。僕もそうしようかなと思ったんですよ。それが第一回目の揺らぐとき。

そうしたら、そのときに「ちょっと待ってくれ」と言って山村先生がわざわざボルティモアまで来られた。そして石坂先生と話して、僕に「大阪大学は君を必要としているんや。大阪大学へ帰ってくれ」と言われたんです。ボルティモアまでわざわざ来られて、そう言ってくれたから、僕は帰ることにした。

そのことから学んだこと。僕はどうしてもこの人が必要だと思ったときに、果たしてアメリカまで呼びに行くか、そこまでしない。それならそれで行けということになるじゃないですか。それをわざわざ来られた。それから、そのときに「ここへ来ることは君のためですよ」とは言わなかった。「我々は君に来てほしい。大阪大学は君を必要としている」と言った。だから帰ろうと思った。人を呼ぶときには、本当にそうだったら、そういうふうにしないといけないと思った。「あんたが必要なんや。だから来てくれ」、あるいは「とどまってくれ」というふうに言わないかんのだなということを学んだんです。

石坂先生のほうは「君にとってもいいことですよ」と言った。山村先生は「大阪大学が必要としている」と言った。それで大阪大学へ帰ったのです。

日米の研究条件の違い

飯塚 今はそれほどでもないのかもしれないけど、当時だったら研究条件は全然違いますよね。

岸本 全然違うし、生活条件も全然違います。僕は、ここで大学院を終わって、そのとき一緒に抗体の構造の研究をしていた尾上薫先生が九州大学の歯学部生化学の教授になられたので、僕も一緒について行って、一年半ほど助手をしました。そのときの月給が五万八千円。ところがアメリカへ行くと、一カ月の月給が千ドル。それで、当時の貨幣価値は一ドルが三百六十円だから三十六万円。その当時の物価は、アメリカの経済は非常にいい時代だったから、ガソリンが一ガロン、三・八リットルが二十五セント。日本には、まだ今みたいな大きなショッピングセンターがなかった時代でしたが、アメリカでは、一週間に一回だけショッピングセンターへ行って、欲しいものを山盛り買うわけ。それでも三十ドルから四十ドル。

実験状況も違いました。研究室でもピペットや培養皿や何もかもが使い捨て。ディスポーザブル。今や、もうそれは当たり前のことだけど、当時の日本では、ガラスの器具を洗って使っていました。

米留学時代のクリスマスパーティで
（1970年代前半、後列中央が著者）

それから情報が違う。今だったら全部インターネットで、その日のうちに見られるけれど、当時は一カ月しないと日本には雑誌が来ない。それがアメリカにいたら、情報が全部、すぐに来るでしょう。

そういうことで、圧倒的に何もかも違ったわけです。二つの世代がある。石坂先生や次田皓先生の時代は、日本では何もできない。アメリカに行かないとできない時代だった。我々の時代は、日本でもある程度はできた。しかし、向こうとはだいぶ勢いの差があった。今だったら日本のほうがいいんじゃないですか。月給も日本のほうが高い。一ドル百二十円になったら、どの程度になるか知らないけれど、八十円の時代は圧倒的に違っていた。日本のほうが高い。あらゆることにおいて、実験上、いい研究室だったら、ずっと日本のほうが条件がよい。アメリカでは通常教授の給料もポスドクやテクニシャンの給料もグラントを申請してもらったグラントから支払われる。グラントで実験の費用も設備も全て支払う。大きなグラントだと百万ドル（約一億円）ということもあるけれど、通常は二

～三千万円。これで全てをまかなうのは大抵のことではない。五年位でグラントの更新をする。採択されなければ、自分の給料もなくなることになる。したがって特に大きな研究室でなければ新しい大型の設備もなかなか購入できないということになる。

飯塚 四十年ぐらいで、そこまで変わったんですね。

岸本 一九七〇年。四十年の違い。四十年たったら随分変わります。

しかし、当時は月給五万八千円でしょう。持ち出せる外貨は一人千ドル。二人だったら二千ドル。しかし二千ドルといったら七十二万円になる。五万八千円の月給で七十二万円でしょう。借りていかないといけない。それで、やっと二千ドル集めて行きました。そうしたらまず家賃を先に払わないといけない。それから、車を買うのに、ダウン・ペイメント（down payment）を先に払わないといけない。そんなことをしてる間に金がなくなるわけ。一カ月たたないと月給くれないじゃないですか。それは心細い思いをしました。

結婚

飯塚 なるほど、そうなんですね。また、ちょっとお話はさかのぼるんですけども、奥さんと結婚されたのが一九六六年。竹尾結核研究所で出会われた、一年後輩なのですね。

岸本 今ほど女子学生が多くない時代だったですね。医学部の五年、六年、最後の学年は、臨床、講義とかそんなのは二学年共通でした。

飯塚　なるほど。これもちょっとすごいなと思ったんですけども、結婚式を挙げられたときに山村先生が国際会議に出るということで、午前九時から披露宴をやったと。

岸本　はじめは昼ごろ開始の予定だったんですが、一週間ぐらい前に急遽、昼までに終わらなくてはならなくなり、結婚式場へ言うと「そんな朝早いのはありませんから空いています」と。

飯塚　そうでしょうね。九時からは空いているでしょうね（笑）。

岸本　それで女房は五時ごろ起きて準備したって言ってました。

飯塚　後からすればいい思い出かもしれませんが、当時は大変だったんじゃないですかね。それで、アメリカへ行かれたときも一緒に行かれたんですね。

岸本　僕が大学院時代、女房は警察病院に勤めていたんで、警察病院の婦長さんが、「ご主人を扶養家族に入れますか」と言ってきた。それで俺は「あほなこと言うな、いらんわ」と言って（笑）。

結婚式（1966年、大阪市内で）

飯塚　いや、今では、そういう大学院生は割と普通にいると思いますけど（笑）。

阪大医学部助手に就任

飯塚　一九七四年にアメリカの石坂研から大阪大学医学部に戻ってこられて、助手になられたのですね。

助手時代に研究室のメンバーと
（1976 年、前列右から 2 人目が著者）

岸本　そうです。戻ってから二、三カ月して、助手の席が空いたので助手になったので、一九七四年の秋。だから僕は、総長を辞めるまでの期間が三十年ないんです。だから年金とか退職金とか全部ちょっと年数が足りないんです（笑）。

飯塚　戻ってきた時に、大きな研究室に入るというわけで、個人の研究室とかはなかったんですね。

岸本　戻ってきた第三内科の臨床の研究室は、狭い一部屋の中に十何人がすし詰めみたいにしていて、実験設備も何もない。こんなところで何にもできないなという感じがあった。床に尿の検査をするような遠心分離機が一つあるだけぐらいのところで、これはどうにもならないな、アメリカへ行ってしまおうかとも思いました。

飯塚　それだけの違いが、当時のアメリカと日本にはあったんですね。

岸本　だから、その前、京都大学へ一緒に行くかと言われたでしょう。京都大学は免疫研究所を作ったけれども、石坂先生は客員でしばらく京大へ通ったりしていて、結局、来ないままで、今はもうその研究所はないんです。だから、たぶん僕が大阪に帰らず京都へ行って石坂先生も京大へ帰っていたら、免疫の中心地はどっちになっていたかわからないと思うんです。

第二章　大阪大学教員として

グッド博士との出会い

飯塚　アメリカの石坂研から京大ではなく、阪大へ戻られた時に迷われたお話がありましたが、その数年後に二回目の迷いがあったのですね。

岸本　一九七六年に山村先生は日本癌学会を主宰しました。それで、ロバート・グッド（Robert A. Good）という人を講演者に呼びました。スローン・ケタリングというのは世界で一番大きな癌の研究センターだけど、彼は当時そこのプレジデントだった人です。

彼はミネソタの小児科医だったんだけれども、一九六八年に世界で最初に骨髄移植に成功して、一九七〇年にスローン・ケタリングのプレジデントになり、全員を引き連れて来たんです。『TIME』が「癌は免疫で治る」という特集を一週間したような人。僕は京都の案内など世話をすることになったのだけど、彼は、寺とかそんなことにはあんまり興味がなく、どういう研究

グッド博士夫妻と（1976年、京都で）

をしているかと、いろいろ聞くわけ。それで一生懸命に話をしていて、今は何もなかなか進まないと言ったら、「スローン・ケタリングへ移ってこないか」と言われたんです。ものすごくいい条件でスローン・ケタリングへ全部来ないかと誘われ、僕も気が動いた。それが二回目の迷い。どうして三十代の終わりで阪大の教授になったか、という話にもつながるのです。

ちょうどそのとき、医学部に医科学修士課程ができることになってそこの教授に就任したのです。それは山村先生による一つの引き留め策でなかったかなあと思います。もう一つは、ちゃんとした研究ができるところを作らないといけないというのがあり、細胞工学センターにつながっていくのです。

それで、スローン・ケタリングに移るわけにはいかないから、一九七六年から毎年夏に二カ月ぐらいずつ、スローン・ケタリングへ行ったわけです。スローン・ケタリングは大きな癌の研究所だから、白血病の細胞、白血病のTリンパ球もBリンパ球もみんなフローズン（凍結）して置いてある。それを解凍して戻せば増えるのだけど。そのなかで、Bリンパ球にTリンパ球から出るファクター（液性因子）をかけたら、抗体を作るようなBリンパ球の細胞株をスクリーニングして見つけ出す実験をしていました。これは以前石坂研で行ったＴリンパ球から作られる分子がＢリンパ球に抗体を作らせるという研究のその分子を明らかにしたかったからです。それまでは、人間から血液をとってＴとＢと分けてその実験をしていたけれど、それでは数が少なくてどうにもならない。だから、どんどんいつでも増えているような細胞株をスクリーニングしたのです。その一方で、Ｂリンパ球に働いて、そういうファクターを作ってくれるようなＴリンパ球もスクリーニングしたので、その研究所は最も適当だったわけです。

ロバート・グッド博士（左）の自宅で
（1976年夏）

そこでＢリンパ球株の一つ、ＣＥＳＳという細胞株が、ちょうどＴリンパ球からの培養上清をかけたら抗体を作らせるという細胞株を見つけた。それが非常に運が良かったことは、Ｔリンパ球から出てきて、Ｂリンパ球に働いて抗体を作らせるような分子は、今から言えばＩＬ４もあれば、ＩＬ５、ＩＬ６、γインターフェロンもあれば、たくさんいろいろあります。その見つけたＣＥＳＳという細胞は、培養上清中に存在した現在ＩＬ６と呼ばれている分子にのみ反応して抗体を作った。すなわち、ＩＬ６をくっつける受容体しかなかったはずで

グッド博士（右）、山村先生（左）と著者（1978年ごろ、テリータウンのネルソン・ロックフェラー邸内のグッド博士の別荘で）

す。だから、それをインジケーターにして培養上清中の分子を追いかけていったら、最終的には自然にＩＬ６がとれてきたわけ。ＩＬ６がＩＬ４やＩＬ５や、他のものよりよかったのは、それがものすごく多くの生物学的活性をもちいろいろな病気につながっていたことで、最終的に二千億円を超える薬にもつながっていったのです。

スローン・ケタリングがロバート・グッドを呼ぶために、マンハッタンのイーストストリートの六十四番目ぐらい、ロックフェラー大学やコーネル大学があるところにあるんだけれど、その一番上の階のワンフロア全部をグッドのペントハウスとして提供していたのです。僕は、そこの一部屋に滞在させてもらって、一緒に住んでいたのです。

そうすると、彼がいるときには一緒に夕食を食べるというふうになって、そこへいろんな人が訪ねてきて、知り合いも増えました。以前、石坂先生のところにいた四年間は、日本人だから、石坂先生と話すときは全部日本語。だから、英語はちょっとも上手にならない。ところが、グッドのところに行けば全部外国人。毎年二カ月ぐらいの間、一言も日本語をしゃべらず、常に英語で何か言わないといけないわけです。そのときに英語はある程度上達したんだと思う。それと、グッドを訪ねてくるいろいろな人と知り合いも増えたし、非常にいい年月でした。だけど、夕食が一緒になるときには、いつも「What's new today?」、今日はどういうことをしたか、何かいい発見があったかと聞いてくる。だから、やっぱり一生懸命、仕事をするわけ。それは大事なことだけれど、ものすごくプレッシャーになる。彼は、朝四時からディスカッションをする。あの人は四、五時間しか寝ないのと違うかな。そんなふうだった。

ペインテッドマウス

岸本 そのころスタンフォードの皮膚科で、皮膚の細胞を長期間培養したら、他の人にも移植することができるようになったという報告があった。若い医者だったけれど、それは嘘ではなかったはずです。移植抗原が培養している間に失われてしまって、だから白い人の皮膚が黒い人についたりもしたんだけれども、そのメカニズムとか、そういうことをするのに、この人は面白いというので、グッドはその人を非常にいい条件でスローンへ引き抜いたんです。そして、プレッシャーをかけたわけだ。「どないなっとる、どないなっとる」。それは、培養するだけで移植できるとなったら、癌にとっても非常にいい条件になる。骨髄移植にしても、何の移植にしても。

それで、ファンドレイジング（Fundraising）のために夜になったらパーティーに行って、そのときにその話を一般のロングアイランドの金持ちを相手に話して、寄付を集めるのだけど、それが財源の多くを占めるんです。それがまたものすごいプレッシャーになったその研究者はなかなか実験結果がうまくでないことから、ついに白いネズミに黒いペンキを塗ってこういうふうにちゃんといきますと言って見せたのです。それが有名なペインテッドマウス（painted mouse）事件で小説にもなった。

そうしたら、動物舎のテクニシャンの人が「何かあれ、おかしいで。何かペンキ塗っとるみたいな感じやったで」と言った。そうしたら、それが『The New York Times』の記者に漏れて、一面にそのスローン・ケタリングのネズミはペンキを塗ったというような記事が出たんです。もちろん、その人は出されたけど、ロバート・グッドも、結局、辞めることになった。

そうだけれど、それは完全な嘘じゃない。もっと、じっとゆっくり待っていたら移植抗原が失われてゆくし、いろいろなことはできたはずだけれど、常に「What's new today?」と聞かれるし、しかも、ものすごくいい条件で雇われているから、ついにそれをやってしまったのです。

それで、グッドも辞めてオクラホマへ行って、その後、フロリダへ行って、そこで食道癌になって亡くなります。

一九八〇年にそういうことが起こって、グッドが辞めるまで、一九七六年から一九八〇年ぐらいまで毎年夏休みはそこへ行っていました。それが助手時代の一番の思い出ですね。そういうことがあって、研究はある程度進みましたが、しかし、ニューヨークと大阪ではどうにもできないような格段の差があるじゃないですか。それで、山村先生は何とか場所を作ろうと考えたんです。

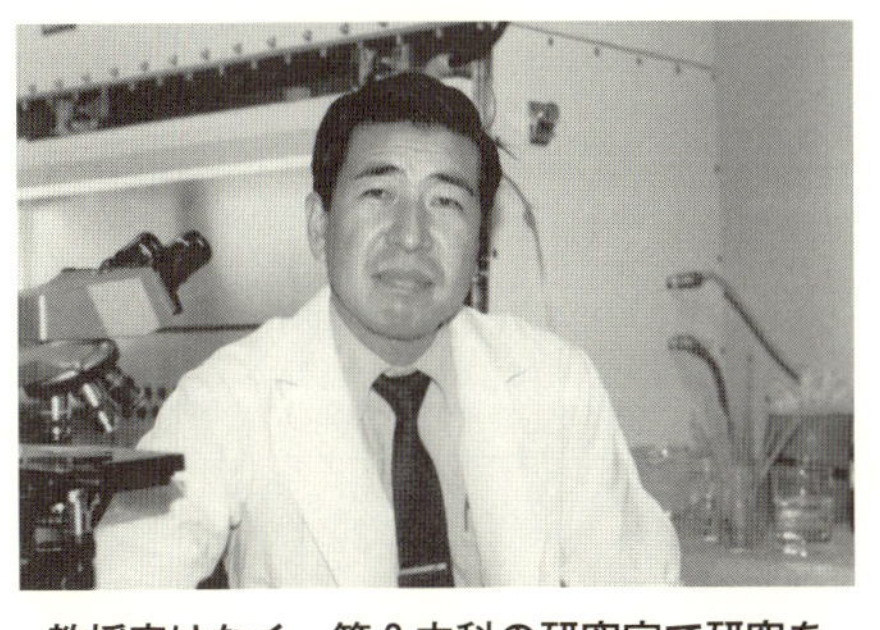

教授室はなく、第3内科の研究室で研究を続けた（1980年）

医学部教授・細胞工学センター教授

飯塚　一九七九年に大学院医学研究科修士課程が設置され、病理病態学の教授に就任されますね。

岸本　ちょうど修士課程が設置された後、山村先生は総長になられます。それで、第三内科の教授をどうするかということになった。僕にとっては早すぎるし、あのときならなくてよかったんだけど、岸本進先生がなられました。そうしたら、僕も修士課程といったって、第三内科の中にいたわけだから、研究できる環境はあんまりないし、どこかへ行こうかということになるじゃないですか。そのころ、山村先生は他の人に言ったらしい、「岸本君が研究する場所を何とか作らないかんで」と。

山村先生の先生の赤堀四郎先生は、一九五六年にその当時、タンパク質の研究が一番の中心課題でしたから蛋白質研究所を作った。それで山村先生は、今の中心課題で日本を盛んにするための研究センターを作りたい、それはやはり、分子生物学、細胞生物学の分野だと思われ、細胞工学センターを作ることになったんです。

そうすると、大阪で一番中心の人と言ったら、やっぱり当時、細胞融合を成功させて有名だった微研の岡田善雄先生で、岡田先生をセンター長にして、医学部から松原謙一先生をその分子遺伝学に呼んだ。

本庶佑先生を連れてきた話は、この前話しましたね。ところが五年後、早石先生が京都大学を辞められるときに、本庶先生を生化学（医化学）の教授にしたから京都へ帰ってしまうわけ。それで、細胞工学センターに、また分子生物学の先端の人がいなくなってしまった。しかし、ちょうどチューリッヒでインターフェロンの遺伝子の研究をしていて、帰ってきて世界で初めてクローニングに成功した谷口維紹先生が、まだ三十前半で、がん研究所の生化学部長になっていた。それで前に話したような経緯で谷口先生に来てもらったのです。

細胞工学センター

岸本　一九八三年、山村先生は、岡田センター長、松原先生、そして僕と谷口先生という陣容で細胞工学センターを作られました。助教授だった内田驍先生は、細胞生物学でいい研究をしていたんだけれども、メラノーマで亡くなりました。それが細胞工学センターの成り立ちです。僕は平野俊夫先生を熊本大学から助教授に呼んできた。そして菊谷仁、審良静男、田賀哲也、一番最盛期は五十人ぐらいいました。教授一、助教授一、助手一のところに五十人ぐらいいる。優秀な人材が集まってくる。

細胞工学センターを支えた人々と
（左から松原教授、山村総長、岡田教授、
谷口教授、著者）

そのころ僕が二時間ごとぐらいに、「どないなった、どないなった」という。こっちも必死。そりゃそうや。ここというところを一つずつ決めていかんと。同じ研究を同じようにやっていても、ちゃんとした成果を上げた人とそうでない人との違いというのは、最終的にピタッと結果をきちんと出していったかどうかということで、それは体操の着地と一緒だと思うんです。どうやっても、ピタッと着地する。それを、きちんとやらないといけない。

だから、当時の三階建ての細胞工学センターに入ってきた人は皆「いつでも三階のほうから怒鳴り声が聞こえる」と言っていました。ネズミの遺伝子を消してしまう、ノッ

細胞工学センターの仲間と
（1990 年代初め、中央が著者）

クアウトするというのがあるでしょう。そのころは、まだ始まりのころで、なかなかできないやつもいるんだ。「おまえ、もう遺伝子が消えへんのやったら、おまえが消え」と（笑）。だから、みんなが一生懸命になって、それがやっぱり、ずっとつながっているんです。

飯塚　改めていろいろな先生方の経歴を見ると、いったん細胞工学センターに来られている方がいっぱいいますよね。

岸本　だから、僕は第三内科の教授になってからも、熊ノ郷淳先生も竹田潔先生も、みんな細胞工学センターで研究をさせました。そこで訓練を受けて、だんだん一人前になっていったんです。あのころの細胞工学センターは、そうだからよかったと思います。ものすごく人数もいたし、みんなが一生懸命だったし。活気に満ちていました。

飯塚　少し調べさせてもらったんですが、細胞工学センターができるとき、山村先生は微研と医学部から一講座ずつ拠出させていますね。

岸本　だから、岡田先生の講座も松原先生の講座もそれぞれそこから切り出したでしょう。今だったら、なかなかできないんじゃないかな。やっぱり山村先生の力ですね。それで十年の時限になったときに、時限付きとするか、ずっと長く続く組織とするかという話がありました。十年の時限付きなら、設備もお金も出すと。みんな十年のほうがいいって言ったんです。それで設備とかランニングコストとかがたくさん出るなら、それのほうがいい、十年で何もできないようなものなら、もうなくなってしまったらいいと。

それで更に十年、僕はもういなくなったけれど、細胞生体工学センターとして継続し、その後、僕が総長になってから、生命機能研究科に再編し、ずっと続く組織になりました。

飯塚 ああ、なるほど。そういうことなんですね。いや、ちょっとこれも調べたら、『大阪大学細胞工学センター十年の歩み』という小冊子があって、十年史って珍しいなと思ったんですけれど、それは十年で一区切りということだったのですね。

岸本 最初作るときに十年の時限付きだったんです。それが一九八九年、一九九〇年ぐらいまでの話ですね。

ハーバード大学から招へい

岸本 それで非常に仕事が伸びた。そのころが僕の最盛期だと思います。そのころの『Science』に「Biomedicine Superstar」というので、論文被引用回数の多いベスト十人の中の一人に入ったりしました。その後、二〇〇〇年に入ったら、審良静男や坂口志文だけどね。

一九八九年のことだった。そのころ僕の研究は非常に良かった。だから、ハーバード大学から、教授で、チェア・プロフェッサー（chair professor）として、ものすごくお金も場所も提供するから来ないかというオファーが来ました。それで、またそこで迷ったんです。これが三回目の迷い。

山村先生は、一九八五年に退官して、その二年後ぐらいに胃癌になって手術して、再発していました。だから、そのころはもう亡くなるかもしれないというぐらいの状態でした。

そのときに、そういう招へいの話がきて、「行こうかと思います」と言ったんです。すると四十九歳の僕に「人が皆、帰ってくるときに行くんか」ということと、「日本でお金を出してここまで育って、おまえはアメリカに行ってしまうんか」ということを言われたんです。

だけど、交渉のため、二回か三回行ったんですね。一回目は夏、ちょうど六月ぐらいのいい時期。チャールズリバーにヨットが浮かんでいて、俺はやっぱり来ようかなと思った。そこでセミナーをした。自分が今いいことをしているか、いい立場にあるかどうかということは、セミナーや講演をしたときに、人がいっぱいになるか、空席でがらがらかということによってわかる。その時のハーバード大学の講堂は満員になったし、通路にまで座るほど盛況。それから十年ぐらいしたら、がらがらになるかもしれない。だから、あれが一番いい目安になる。いまだに時間が迫っていて、講演をするため立ち上がって振り返ると誰もいなくて、「あっ」と目が覚めるということがある。常に講演するたびに人がどれだけ集まるかということが気になる。それが一番いいバロメーターになる。日本では、いい人が来てもなかなか集まらないこともあるけれども、アメリカはやっぱり競争の世界だし、知らなきゃいけない、勉強しなきゃいけないということで人が集まるんです。

それで、その最初のセミナーは満員だった。二回目に行ったときかな。向こうではいい研究者を世界中から集めてくるのが医学部長の仕事なんです。なぜかというと一つは研究費のため。ハーバードなんかはほとんど百パーセント、例えば、一億円の研究費を取ってきたとしたら、もう一億円が間接経費として入ってくる。それは大学によって五十パーセントのところもあれば、七十パーセントのところもあるけれども。そうすると、一億円の研究費を取る研究者を呼べば、大学は自動的に一億円が儲かるということがある。

SUPERSTARS IN BIOMEDICINE, 1990–97				
Name	Affiliation	Field	Papers	Cites
1. Bert Vogelstein	Johns Hopkins	cancer genetics	190	27,901
2. Salvador Moncada	Univ. College London	nitric oxide	342	20,354
3. Solomon H. Snyder	Johns Hopkins	neuro-transmitters	251	19,793
4. Joseph Schlessinger	NYU Med. Ctr.	cell signaling	228	18,315
5. Pierre Chambon	Inst. Gen./Mol. Biol., Strasbourg	receptors	328	15,035
6. Kenneth W. Kinzler	Johns Hopkins	cancer genetics	117	14,008
7. David P. Lane	U. of Dundee	cancer genetics	184	13,955
8. Tadamitsu Kishimoto	Osaka U.	interleukin	349	13,513
9. Neal G. Copeland	Natl. Cancer Inst.	apoptosis	398	13,313
10. Nancy A. Jenkins	Natl. Cancer Inst.	apoptosis	395	13,190

論文引用ランキング（1998年）

それから、図書館にもノーベル賞受賞者の展示がしてあるように、ハーバードはどれだけの人間を輩出したかということが重要なのです。

その時にディーン（Dean）が言ったのは、「世界中で医学部を卒業した優秀な学生が、一遍は皆、アメリカへ留学しようと思うでしょう。その時に、やはりハーバードと考えるでしょう。だから、あなたがここへ来れば、アジアもアラブもヨーロッパも、世界中の医学部を出た優秀な人があなたのもとへ来るんです。だから、ハーバードに来るメリットはあります」と。僕もそうかなと思った。

それで、ラボに帰ってきて、いろいろな友人の教授や知り合いに、「ディーンはそない言うてた」と言ったら、「そりゃそうや。ええやつが皆ハーバードに来る。そやけどな、考えないかんことあるで」と。「何や」と聞くと、「大阪におったら岸本は一人や。しかし、ハーバードに来たら岸本は何人もおる。その何人もおる中で取り合いをするんや。優秀なやつを取り合いをするんやで」と言った。大変だなと思った。

それで三回目、そのころ、もう山村先生のお体の状態は悪かったけれど、妻がお見舞いに行ったときに「どないしても行きたいというんやったら、そりゃしゃあないな。東京や京都に行きたい言うんやったら、そんなあほみたいなことと思うけど、ハーバードへどないしても行くっちゅうんやったら、まあ、そりゃ行かんとしゃあないな」と言われたんです。そうしたら、何か知らんけど、僕はもうやめとこうかなという気になった。

それで行ったのが十月の中頃で、もう暗くて、みぞれが降っていて、ボストンの冬は夏と全然違うんです。それでサインをする、契約をする間際になって、「私、やっぱりやめときますわ」と言って帰ってきたんです（笑）。

医学部に復帰

岸本　それで、山村先生が亡くなるでしょう。岸本進先生が辞めた後は、しばらくポストは空いていたんですが、第三内科の教授にということになったんです。一九九〇年、僕は『Cell』の表紙になったり、『Nature』に出たり、一番うまくいっているときでした。

医学部や微研の先生方の要請もあり、医学部に戻ることにしたのですが、そのときに、「そやけど、僕はもう二十年、全く医者してないんです。そんなもん、どないもならんのちゃいますか」と言ったんです。そうしたら、「いや、我々やったら、回診して、それで『こんなんわからん』ということは言えないけど、先生やったら『俺こんなん知らんで』と言うたって、誰もあかんとは思いません。みんなは、そういうことを期待しているんではないんです」と言うんです。そういういろいろなことがあって、それで一九九一年、内科（内科学第三講座）の教授になったのです。

本庶さん（左端）たち免疫学の仲間と
（1980 年代、右から 2 番目が著者）

ＩＬ6の捕捉に成功

飯塚　ちょっとさかのぼるんですけど、細胞工学センターにいたときに、ＩＬ６の捕捉に成功されるわけですよね。その思い出がいろいろおありになると思うので、そこら辺も少しお話いただけたらと思います。

岸本　免疫細胞に抗体を作らせるものを分離する研究をしていて、同じようなことをしていた本庶佑先生のところで、ＩＬ４とＩＬ５の分離に成功したというのが、同じときの『Nature』に載ったんだけれど、彼等の方がちょっと早いし、六番目だしもうだめだという気持ちがありました。

しかし、きちんと遺伝子が分離できたのは、やっぱりそれは谷口維紹先生が横にいたからです。どんなフィルターを使えばいいかといったことをみんな聞きながら分離していました。それで、平野俊夫先生を中心にして、そのグループはよく頑張った。しかし、ＩＬ４が半年ぐらい早いわけ。ＮＨＫの七時のニュースで、Ｂリンパ球に抗体を産生させる分子の遺伝子が採れましたと言った。そのころバークレーに留学していた審良静男先生は、アメリカでそのニュースを見て、「おお、岸本先生のところで採ったのか」と思ったら「本庶先生のグループは」というのを聞いて、ああ、もうこれは終わったな、阪大に戻っても駄目だと思って、どこへ行こうかと考えたそうです。

しかし、その後、その分子が病気と密接に関わっているということがわかってきて、だんだん大きくなっていき、他のはそんなに注目されなくなる。ＩＬ６の研究は、今まで世界中で続いて薬にもつながってくる。もしあの時ＩＬ６の遺伝子がちゃんと採れていなかったら、そこへは進んで行かなかった。けれども、そのときは、それがものすごいものだと思いながら採っているわけじゃなくて、後のことはわからなかった。同じようにＩＬ４もＩＬ５もインターフェロンもあるのに、なぜＩＬ６がつかまったかというと、先ほどいったようにＣＥＳＳという細胞がＩＬ６だけしか認識しなかったから。

飯塚　いろんな偶然があるなと思うんですけど。

岸本　ＩＬ６の遺伝子がクローニングされ、リコンビナント分子が作られ抗体が作られるとこれまでいろいろな分野で研究されていた現象がＩＬ６によるものだということが次々とわかってきた。例えば炎症や癌が生体内にできると、その場

岸本研究室の仲間たちと自宅で
（後列左端が著者）

所から〝肝細胞刺激因子〟というものが出て、それが肝臓の細胞に働いて種々の急性期蛋白というものが作られるということが研究されていた。CRPやフィブリノーゲンやアミロイド蛋白やヘプチジンという蛋白が一斉に作られ逆に血清中のアルブミンは減少します。この肝細胞刺激因子の本体はIL6であるということがわかりました。

例えば、医者へ行って血沈とかCRP（C‐反応性タンパク）を測ると、数値に異常があることがわかった場合、それは、IL6が肝臓に血沈を上げるように働いている。だから、血沈やCRPを測るということは、IL6を測るということなのです。

また、癌とか慢性の炎症が長い間続いたら貧血になります。それは、ヘプチジンという分子が肝臓で作られて、鉄の吸収などを駄目にするから。そのヘプチジンは、IL6が肝臓細胞に働いて作らせるのです。そういうことが、次々とわかってくるわけです。

リウマチの患者はCRPが高くなるし、貧血になるし、骨が溶ける。IL6は骨を吸収させる作用もあります。

それではどのようにしてIL6はそのような多彩な作用を発揮するのでしょうか。IL6を含む多くのインターロイキン、サイトカインと呼ばれる分子は非常に微量（血清中に一〇〇万分の1㎎／㎖）であるため、当時そのようなことはわかっていませんでした。そこで我々はIL6の受容体そしてそれを介するシグナル伝達、遺伝子発現のメカニズムの解明にいどみ、それに関与する全ての分子を明らかにしその分子構造に基づいて、多彩な機能発現の機構を明らかにしました。

特許の取得

岸本　その当時、論文を出すときに、一方では大学の発明委員会に送るとともにもう一方で中外製薬に送って特許になっていたんです。だから、どこからも手出しができないわけです。TNF（腫瘍壊死因子）のほうは、幾つもの大きな会社が競争しながらやっているけれど、IL6は中外製薬とロシュだけです。

NIHのある人が、IL6はKishimoto army（岸本軍隊）と競争しても勝ち目がないと言いましたが、誰もやらなくなりました。だから、ずっと独走だった。全部特許はもらえました。

その当時の特許というのは、論文を書いたら、その論文を中外製薬に送るわけ。そうしたら、中外製薬はそれを弁理士に送る。

今は、大学の知財本部だとか特許に関係する部署とかを通さないといけないので、遅いし、大学の費用もかかるので、日本だけで特許を出して世界中に出してない。それだったら手の内を示しているようなもの。今のシステムでは、論文にするときには、特許になる論文を出せとか、特許の数が重要だとか言って、何にも意味のないようなものまで皆、特許にしようとして、しかも自分で書類を整えるようにと言う。
僕は、それは何遍も「間違いです」と言ったんだけれど。総合科学技術会議の議員だったときに、大学に知財本部を作ることが提言された。僕は「そんなことしたってあきません。特許の申請は一週間で全部ぱっとしてしまうというスピードが大事です」と言ったら、「先生みたいにできる人やったらいいけど、皆が皆そうではないから、大学でちゃんとするようにしないといけません」と、特許庁の人が言っていた。世界と比べて日本は遅い。昔、ドイツの会社とやっていたときは、月曜日に論文を、その当時はまだメールじゃなくてファクスで送ると、金曜日ぐらいにはファクスが来て、月曜日にロンドンの特許庁の本部へ持っていくので、これで間違いのあるところは言ってくれといってきた。送ってから一週間で全部終わるわけ。大学は早くて数カ月。そんなプロセスでしょう。だから何とか変えないと。変えるというより、今までみたいに、研究者がどこかと一緒にやるとかすればいいんですよ。

文化功労者

飯塚　医学部第三内科の教授に就任という話のところまで来ているんですけれども、ＩＬ６を捕捉されたという話がまずあって、いろんな社会的評価も高まって、一九九〇年に文化功労者になられましたね。

岸本　早かったです。一九九〇年といったら五十歳。みんな、もうちょっと年配。お一人を除いて亡くなられました。

飯塚　数学の森重文先生だけご存命ですね。

岸本　そのときの思い出話があります。僕の前に文化功労者になっていた岡田善雄先生から事前に「皇居にはハイヤー雇って行きよ。向こうにタクシーないで」と言われていたんで、それでハイヤーを雇って行ったんです。帰りは順番に車を呼ばれるんだけど、森先生はそれを知らなかったんで一緒に乗って帰ってきたんです。

それから、将棋の大山康晴さん。文化功労者は三百五十万円の年金が無税なんですよ。総合課税の中に入らない。だから、五十パーセント取られるのと、取られないのとえらい違い。それで、大山さんの奥さんが女房と一緒に横にいるとき、「ようけ税金払うてんやから、このくらいは返してもろうたらよろしいな」と言われてました。それなのに、翌年か翌々年に死なれているんですよ。そのときはもう大腸癌の手術をされていた。僕はその一九九〇年から二〇一五年まで二十五年×三百五十万円。ノーベル賞より多くなる（笑）。

飯塚　それから八年後の一九九八年、五十八歳のときにに文化勲章を受章されました。

岸本　そのときは五人受章したのだけれど、皆さん亡くなられました。

飯塚　文化功労者になられた翌年第三内科に戻られたのですね。将来の総長ということも込みだったのでしょうか。

岸本　いや、そうかもしれないけれど、僕としては、ちょうどいい研究がピークに差し掛かってましたから、そのまま一気にいいところまで行くかなと思ったんですけどね。

だけど、内科へ移って良かったことは、今までの研究が臨床応用につながって、薬になったこと。世界で約百万人の関節リウマチの患者が、皆それを使っているわけじゃないですか。それはものすごい人助けだと自負しています。

教育に全力投球

飯塚　第三内科に移られたのは、中之島にあった医学部と附属病院の吹田への移転がちょうど終わるぐらいの時期でしょうか。

岸本　移転したのは二十五年前でしょう。だから、僕が内科の教授になったときには、まだ病院は中之島でした。細胞工学センターも、まだみんなスタッフがいたしね。だから、メインは向こうだけれど、こっちへ来たりしながら。

飯塚　両方にまたがっていたのですね。

岸本　僕はなぜ内科の教室へ入ったか。医学部へ行ってもべつに医者になるつもりはなかったんです。山村先生の講義にほれて、そこへ入ったんです。その講義に、僕は「ああ、これや」

と思ってそこへ入った。それが人生を全て決めたんです。山村先生は、「年いった上の方のやつは蹴っ飛ばしてもええで。若いやつだけは大事にせいよ」と言われていた。一生懸命に講義をすれば、自分と同じように共鳴するような人が自分のところへ集まってくるだろうと思って、僕は非常に一生懸命に講義をしました。

僕が内科の教授になって第一回目に入ってきたのが熊ノ郷淳。二年目が竹田潔。一番から十番ぐらいまでの主立った人は、全部毎年、僕の教室へ入ってきた。というのは、やっぱり考えを同じくするんだと思うんです。

第三内科教授として講義も担当（1990年代）

飯塚　『なぜかと問いかける内科学』（全三冊、中山書店、一九九五年）という本を出されていますよね。

岸本　それは、講義を全部テープに録ってあって、それを起こして中山書店が本として出したんです。僕は題として『なぜかと問いかける内科学』としたが、その当時は、まだ「なぜかと問いかける」いうような言葉を使うのははやってなかったのかな。しかし、今では皆、「なぜかと問いかける」いうことが大事だと言っているでしょう。

サルコイドーシスという病気があるんです。肺門の両側

医者時代（1993年）

のリンパ節が腫れて、しかし、それは悪性ではない。結核みたいだけれど、ツベルクリン反応は逆に陰性になって、免疫反応が落ちて、今でもまだ何でそうなるかというのはわからない。そういう患者がいて、僕は回診でその担当研修医に「何でこんな病気になるんやろうな」と聞いたんだ。そうしたら、その研修医は、この先生あほとちゃうかという目で「これはサルコイドーシスですから」と言った。「サルコイドーシスとは、両側の肺門のリンパ節が腫れ、ツベルクリン反応が陰性になり」何やらかんやらと教科書に書いてある。ちゃんと、そうなっていると。だから、「何でこないになるんや」と言ったら、「これはサルコイドーシスですから」と（笑）。それがいけないわけや。先に進まないんだ。

この講義録に出てくるんですが、最初の臨床講義は関節リウマチでした。「二十何年ぶりかに内科に戻ってきたら、リウマチに今でも金のゾルを与えるという治療が行われている。しかし免疫のミステリーをときあかした研究は、十年後に関節リウマチも治すでしょう」と述べました。事実、前にも述べましたが、ＩＬ６の受容体に対する抗体医薬（アクテムラ）は世界中で百万人以上の関節リウマチの患者を救っています。

医学部長

飯塚　では、一つ先に話を進ませていただいて。一九九五年の八月から二年間、先生は医学部長を務められるわけですが、まず医学部長になられるときの抱負ですよね。どうしたい、ああしたいというようなことがおありになったのではないかと思うのですが。

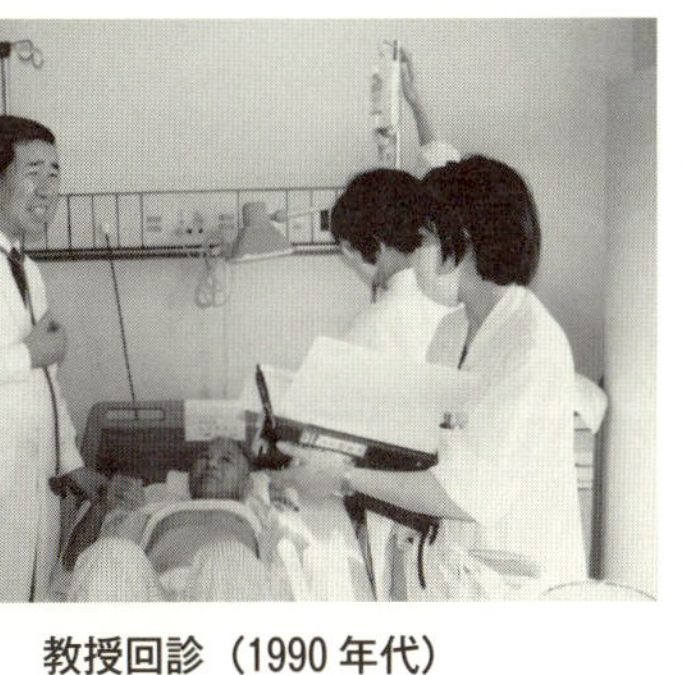

教授回診（1990 年代）

岸本　そんなこと言ったら怒られるが、なかったのよ。医学部長も総長も、そんなのないな。

だけど、抱負とかごちゃごちゃ言わなかったけれど、大事なことはちゃんといったことだけは確か。教授会は短くて済んだし。

それで一番大事なことは、また最初に戻るけど、優秀なやつを集めてくるということ、いいやつを教授にするということ、それが大事だということ。だから、その時に大阪バイオ（財団法人　大阪バイオサイエンス研究所）にいた長田重一先生も呼んできたでしょう。大阪バイオの五周年の長田先生の講演を聞いて、ああ、これはええわと思って感動したから、この人をと思って呼んだんです。

そうしたら、早石先生が来られて、「これは、うちの次の所長になってもらおうと思うてる人で、引き抜いてもろうたら困る」と言われた。「そんなん言うたかて、本人も来る言うてますよ」と言って。

それから柳田敏雄先生。柳田先生は基礎工学部の教授をしてたのを医学部の教授に引っ張り抜いたので基礎工は怒ったよ。だから、その後、二年後に総長になったときに、同じ池（大阪大学）の中になるわけだから何もそんなに怒らせてまで引き抜くことはなかったんだ、と思いました。

それから、もう一つは大学院重点化。

第一内科、第二内科、第三内科を何とかばらばらにして、診療科別に変えていきたいと思ったんです。なぜかというと、第一内科は百人以上、第三内科も七〇～八〇人か。一番上の教授の考え方に下までしたがうことになる。正直に言って、僕がもし他の内科へ入っていたら、今ごろ日本にはいなかったでしょうね。山村先生の第三内科だったからいるんです。考え方の発想とか、いろいろな面でね。しかし、百人のところを、例えば五つにでも割って二〇人ずつになったとしたら、どこか一つぐらい合うところがあるかもわからないでしょう。だから、できるだけ細かく分けよということで、診療科別にしていくことをやったんです。

飯塚　ちょうど医学部長時代、一九九七年四月に大学院重点化ということで、三つの専攻に改組されているんですが、その後また、一九九八年四月に医学系研究科に改組されています。

岸本　それは、保健学科ができて、それも一緒にするために、「医学系」になったんです。コメディカルも大事だということで、医療技術短期大学部の保健学科への改組を一生懸命にやりました。

だけど、ほかにはほとんど何もしなかったな。僕はほとんど医学部長室にいない。誰かが訪ねて来るじゃないですか。「どこへ行ってはりますか」って言われて、「どこぞの研究室に行ってはるんちゃいますか」という具合で。それで「朝一時間だけ来るわ」と約束して、あとは全然。教授会も一時間ぐらいで皆終わった。「これでよろしいな」と言ったら、「それでよろしい」と。皆が、それでいいと思ったら、そういうふうにやればいい。

総長のときもそうだった。評議会はずいぶん短くなったって言われました。どこかの予算を削られるとか、どうにかしないといけないとか、ちょっとややこしい問題になってきたときは、ばあっとしゃべっといて、冗談をばあっと言って皆を笑わせて、「こんでよろしいな」と言って、ぱっと終わる。経理部長は「楽ですわ」と言っていました（笑）。

飯塚　改めて調べてみると、わずか二年間なんですけども、保健学科ができて移転してくるとか、大学院重点化があるとか、結構、大きな事業があったはずですけど。

岸本　それは、皆がやってくれたんです。僕は何もしていない。それでいいだろうと思ったら、「それで行きましょうか」と言って、そうしたら誰かがやるんですよ。「あかん」と思ったら、「こんなん、やめとこう」と言ったら、それで終わり。

それは、みんなが信頼しているかどうか、それでいいと思われるかどうかということだと思うんです。そこが「管理職は専門に強くなければ迫力がない」という山村先生の言葉です。この人が言うんだったら、これはまあしゃあないなと人が思うかどうか。「何やねん、偉そうに何言うとんねん、あいつ」というふうに思われてしまったら、終わりです。そんなどこかの野球の監督みたいなのは駄目（笑）。そうだから、そういうふうに人が、この人の言うことなら聞かなしゃあないなとか、ついていこうと思ってもらえたら、自然に話は進むんです。議論も何も起こらない。

総長のときは一回だけ、びっくりするような、思うようにならなかったことがあった。助教授のセクハラ事件があったんですよ。若い助教授で、その先生を支援する女性グループと、反対する女性グループとがあって、どの程度、何があったのか知らないけれどそれが非常に有能な人だったし、他の大学へ行くことも決まっていたけれど研究科は懲戒免職か何かに決めたんです。最後に評議会で弁明の機会を与えて、そのあと投票するわけ。僕は、ある程度、それを弁護するような発言をした。これで投票はちゃんと行くだろうと思ったら、ちょうど同数になって、最後は総長が決めるということになった。だから、僕は何もなしということにした。それで、あの人はどこへ行って、その後どうなったか知らないけれど、ちゃんといったと思います。思うようにならなかったのは、それ一回だけです。

飯塚　あるんですね、そういうことが。

寄附講座

飯塚　医学部の歴史を見ましたら、先生が学部長になられる少し前ぐらいのころから寄附講座ができ始めて、その後、増えています。これも、たぶん、この一九九〇年代の時代的な背景があるのではないかと思うんですがいかがでしょうか。

岸本　最初に何ができたかな。

飯塚　調べたら、田辺製薬の分子脳機構寄附講座というのが一九九三年、次が小野薬品ですね。

岸本　ハーバードへ呼ばれたときの経験がもとになっています。チェア・プロフェッサーというのは、何よりも格が上で、例えば、百万ドル寄附を受けた教授は、そのうちの五パーセントなら五万ドルは保証されるんです。そういうふうにして、ハーバードにはドネーションした金が積もり積もって何兆円かになっている。

日本の講座制だったら、教授ポストが空かない限り採用できない。だから、そういうふうな仕組みを入れないといけないと思ったんです。それが寄附講座というかたちだったんですけれども、いまだに日本では、寄附講座のほうが普通の教授より地位が低いように思われる。本来は寄附講座のほうが上でないといけないのです。アメリカは、チェア・寄付者名・プロフェッサーというほうがずっと格上です。

例えば、フェデラル・エクスプレス（Federal Express）の本拠地の大学の小児科の教授は、フェデラル・エクスプレス・プロフェッサー・ペディアトリックス。そっちのほうが、寄付者の名前がないよりはいいんですね。日本でだったら、クロネコヤマト教授というのはいいと思うか。思わないでしょう。でも、それのほうが本当にいい。

いい人を採ってこようと思ったら、そういうチェアを作ればいいわけ。だから、ハーバードはべつに定員に制限はないわけ。ものすごい金があるわけでしょう。それで、誰が寄附したかによって、その名前を付けた教授を作るわけ。

阪大総長に就任

飯塚　一九九五年から医学部長をやられて、一九九七年八月に阪大総長に就任されます。

岸本　僕はその時、特別推進研究（科学研究費補助金）をもらっていたし、その年の六月に『Cell』

の表紙にもなっていたし、『Nature』にも論文が出たし、研究を続行したかったんです。だけど総長は教授職ではないので、その研究費はもらわれないと言ってきた。僕は、そのときもう学長を辞めさせてもらおうと本当に思ったわ。そうしたら、文科省の学術国際局と大学局で検討して科研費を受けてもらって結構ですと言われた。

それで、構内の池のそばに研究室を作って研究を継続したんです。秘書の人が追い掛けるわけ、「先生、どこへ行かれますか」と。「トイレや」と言って、そのまま研究室へ行くと、「総長、どこへ行ったんや」「何や知らんけど、誰かがあそこを歩いてはったと言うてはるで」と言っていたらしいわ（笑）。

飯塚 では先生が研究を続けるということになって以降は、制度上も続行できるようになったということですね。

岸本 前例がないだけで、しようと思ったらできたんだと思う。

例えば、研究者が四年あるいは六年管理職だけで研究を何もしなかったら、全くもう研究は無理で、学長を辞めたあとは名誉職に就くしかなくなってしまいます。

それから、面白くなくなるんです。というのは、学会に行こうと、雑誌を読もうと、自分がやってなかったら、「あ、これ、そうやな」と、「これを応用したらええな」とか、「これと競争やな」とか、そういう発想がないからね。教養として聞いているわけだから面白みがないわけ。海外の学会発表にも行っていました。それで、僕は今でも研究やっているでしょう。弟子と、審良に負けるなと思って（笑）。

やっぱり大学は学問をするところ。リーダーがそういう方向に向かってやっているとなったら、そこで一緒にやっている人も、やっぱり、そういうふうにしないといけないと思うじゃないですか。学部長だろうが総長だろうが、それがなかったら何にもないという思いを、みんながもつようになる。すぐれたリーダーがいるところからすぐれた人が出る。それは学問のみならずスポーツも芸術も皆同じです。

第三章　大阪大学総長として

ノーベル賞

飯塚　今日は総長時代の話をお聞きしたいと思っているのですが、その前に、先日大村智先生がノーベル賞を受賞されまして、その日のニュースを見ていたら、やはり岸本先生がインタビューを受けておられました。

岸本　そう。前の山中伸弥先生のときも、大村先生のときも、テレビも新聞も皆、うちへ来て話しているんです。そうしたら、インターネットで見ていて、「あ、大村先生です」と。大村先生とは対談もしていて私が知ってる人とわかるとカメラもわっと入ってくるんです。それで七時のニュースが始まるでしょう。本人より先にテレビに映ってもう堪忍してくれって（笑）。微研のある先生が七時のTVニュースをつけたら「岸本君が出ているからやっともらったかと思ったら他の人の解説をしているやないか」と笑われました。

飯塚　大村先生のご受賞についてご感想をお伺いできますでしょうか。

岸本　大村先生の研究は寄生虫、フィラリアを駆除する薬ですね。それで、メルク社がそれを作って、寄生虫のいるところでも家畜が飼えるようになったんです。牛とか馬とか。それがだんだんペットにまで使われるようになって、メルク社の薬はものすごく売れたんです。フィラリアが蔓延しているアフリカの人は、川で頭や顔を洗ったりするから、フィラリアが角膜に感染して、角膜が濁ってきて目が見えなくなったり、足が腫れてリンパの流れが妨げられたりするので、人に使えないかと考えたんです。

はじめメルク社は、人に使って害が出たら、薬を使っている肉まで食べられなくなるんじゃないかと懸念したけれど大丈夫だった。それで、アフリカの人にものすごい数が使われるようになって、そういうことに対する貢献に対してノーベル賞が授与されたんです。このごろ、そういうのがある程度、増えてきました。ライフサイエンスの非常に基礎的なことは、化学のほうへ移るほうが多いよね。今年の化学賞はＤＮＡの損傷を治すことが対象になっている。昔だったら、それは医学になるけれど化学のほうに。もう化学というのは、あんまりなくなったのかなあ。元素の発見はほとんど十九世紀だしね、その化学結合のＣとＮとか、ＣとＨとか、それを外して、他のものをくっつけて化合物を作るとかいうようなことも、だいたいもう終わってきたしね。だから、生化学がだいたい化学の領域に入ってくる。水の受容体、アクアポリン（aquaporin）が前、化学賞だったしね。

医学で大村先生と一緒にもらった一人は中国のマラリア研究の女性（屠呦呦（ツー・ヨウヨウ））です。中国のマラリア研究はグループで、僕が選考委員をしているタイのマヒドン賞を前にもらっています。そのときは、中国のマラリアの薬、漢方みたいな薬だけれど、その全体のチームとしてやったんだけれど、今回はその中の一人だけがノーベル賞を受賞したんです。

タイの王女とマヒドン賞の選考で

いずれにしても、アジア全体の中で、ノーベル賞というのはそれが日本以外の受賞では初めてで、日本だけ二十何人受賞している。二〇〇〇年代に入ってからは、イギリスやドイツ、フランスを抜いて、アメリカに次ぐ二番目です。なぜアジアでは日本だけかというと、やっぱり日本が、明治政府以来、大学教育ということに力を入れたからだと思うんです。今は、それを足を引っ張るようなことをしている。このツケは、また何十年後かには出てくるはずです。

国立大学法人化

岸本　僕が明治政府は大学に力を入れたんだと思ったのは、総長になったときに総長の月給が文部事務次官と一緒だと知ったからです。当時帝国大学の総長の月給が文部事務次官と一緒だということは、非常に高く評価していたと思います。そして、外国からの教授も招いて大学教育に力を入れたのが今までずっと続いてきて、アジアとの違いとして現れてきているんだと思うんです。

飯塚　今のお話は、たぶん法人化の話につながってくると思うんですよね。ちょうど先生が総長に就任されたころが、政府の行政改革会議などで、国立大学の独立行政法人化の話が出てきたころで、その法人化の決定、関係六法が成立したときにお辞めになっているという流れになるんですね。

岸本　法人化になるというふうになったときに辞めて、その次の宮原総長のときから法人化されたんです。その当時としては、法人化というのは、いったいどういうことなのかわからなかったね。それで、いろいろ賛成とか反対とかあるなかで、法人化というのは文科省から独立するということだと。

だけど、今の現状を見てみると、いいことなんかどうかわからんね。ある程度の助けとして運営費交付金とかいうかたちで予算がつくけれど、それをだんだん削っていっているわけ。

飯塚　そういうことですね。

岸本　僕が総長をしていたときは、大阪大学の全予算というのは、だいたい一千億円ぐらいだったと思う。当時、ちょうど半分ぐらいを直接国が面倒を見ていて、あとの五百億円ぐらいが、病院とか施設の収入とか授業料とかだったと思う。今、一千五百億円ぐらいになっているけれども、運営費交付金は全体の中の五十パーセントよりもっと少なくて、競争で取ってこいというほうが増えていますね。

その後、総合科学技術会議議員をしたときに大学か大学院を出て、三十前ぐらいでいったん大学の先生、助手になったら、六十三か六十五の定年まで首にもならんでいるのはおかしいじゃないかと。もっと研究して、月給を自分で稼げるような人は雇用して、駄目な人は辞めてもらってもいいじゃないか、競争の原理をもっと入れろというふうに言ったわけ。

それが、その当時は、まだなかなかそうではなかったけど、よく考えてみたら、この十年の間に、それが中心になってきて、任期制とか、特任とかが相当増えてきたよね。

そうすると、果たして何が良かったんだろうかと。ゆっくり時間があって、教員になったら、ある程度ずっと行く昔の制度と、こういうふうに変わってしまって、運営費交付金をだんだ

総長室にて

入学式（1999年）

ん減らしながら、そういう競争的なものを増やして、それでやっていくのがいいのか。

僕はその当時は、全部どこの大学も教員も一緒とかいうのはおかしい、競争的にすべき、というふうに思っていたんだけれど、今から見ると、それが行き過ぎになってきているように思います。

飯塚　先生の総長時代の祝辞を改めて読んでみたんですが、割と早い時期に、法人化の話が出てきた直後ぐらいのところで、かなり批判的な言葉があるんですね。豊かな時間と自由な環境、そして九十パーセントの無駄があってこそ、学術研究や芸術文化は花が開くのだと。

岸本　いつも言っていることは大学というのは無駄をするところだと。これがどれだけの儲けにつながるとか、利益率がなんぼとかではなく、壮大な無駄をするところ。その中から何か思いもかけないものが生まれてくるんです。

ところが、今の大学政策は、何か成果を出せと言われる。僕はある程度、競争的にとは言ったけれど、それが行き過ぎてきたというか、間違いだったかなという気がしてきた。

科学技術会議ではもう一つ、非常に有能な、まだ続けてやればもっとやれる人も、同じように六十三や六十五で切るというのは、やっぱりおかしい。自分で研究費が取れて、どんどんやっている人は、雇ってもいいいんじゃないかと提案したのがきっかけになって、猫も杓子も特任教授といって年がいった人のパーセンテージが増えたけど、あまり行き過ぎるとおかしいね。若い人の道をふさぐことになるから。

だから、その当時、こうだと思ったことが、十年たってみたら行き過ぎていて、やっぱり前のほうが良かったんかというような感じにもなってくるわけ。その間を、どういうふうにバランスを取っていくかという問題だと思いますね。

文科省は、運営費交付金を減らして、競争的資金を増やして、それで人を雇え、そして成果を出せ、何か役に立つことをやれというけれど、すぐに役に立つもんは、すぐに役に立たなくなるものです。僕らの研究なんか、四、五十年かかっているからこそ、大きな成果を生んでいるんです。すぐに役に立つことをやれ、特許を出せといって組織を作って人件費を計上しているけれど、日本中の大学へ入っている特許料は僕がもらう何分の一もない。

それをまた、我々の分野だったら日本版ＮＩＨとかいって、ＡＭＥＤ（日本医療研究開発機構）とかが、先にみんなやる分野を決めてそういうことをやっているところへ研究費を出す。そんなもん、学問の規制かもしれない。役に立つことをやれといって、運営費交付金が削られ、競争的資金を取ってこさせる。それがやりやすくというか、やれるようになったのが独立行政法人化かもしれません。

世界トップレベル研究拠点

飯塚　今のお話と関係すると思うんですが、ちょうど総長をされている間の平成十四年度からＣＯＥ（center of excellence）が始まって、研究費の出し方も大きく変わったんですね。データを改めて見たんですが、大阪大学は最初の平成十四年度で七つ採択され、翌十五年度も七つ採択されていて、たぶんかなり成績は良かったんだと思うんですね。生命科学でいくと、柳田敏雄先生の「生体システムのダイナミクス」が選ばれています。

岸本　僕は、医学系なんかはよくわかったけれど、他の分野はわからなくても総長が説明しないといけない。それで七つというのは多かったと思います。

大阪外国語大学・大阪教育大学との統合

岸本　その当時、大阪大学と大阪外国語大学と大阪教育大学と、皆、一つに統合したらどうだろうかという案が出ていて、結局、教育大学は一緒にならなかったけれど、外大とは一緒になったんですね。授業料しかない大学であっても、本来はちゃんと支援されないといけない。

ところが、法人化の制度では競争的研究資金を獲得できないと成り立たなくなってくる。だけど、司馬遼太郎はじめ著名人を輩出している外大も法人化されなかったら存続し得たはず。全部一緒にしてしまったのが、マイナス面かもしれません。

教養の重要性

岸本　いろいろなところでマイナスの面が生まれているんです。明治時代に大学が大事だということでやってきた政策が、またしぼんでいく。だから、授業料で成り立つようにするためには、五十万円の授業料が九十万円でなければいけないとか言っているじゃないか。それから、役に立つようなことをしないようなところは削れ、文学部なんかはもうなくしてしまえと言う。なくせとは言っていないと否定しているけれど、縮小していくのも問題がある。

長期的に考えたら、やっぱり一番大事なものは、教養というか、文科系の知識。それは一つは、大学設置基準の大綱化までさかのぼると、教養教育というのをなくしてしまって、早くから専門に前倒ししたことの問題がある。我々のときは、まだ二年間は万葉集や法律なんかやっていたわけ。いまや、ずっと前倒ししているけれど、それを長い目で、例えば医者を例に取ってみたら、本当にいい医者を作るか。高い技術はもちろん必要だけれども、それだけになってしまうと、やっぱりおかしな医者が増えてくる。手当てというのは手を当てるという意味だから、それは教養と人間性、全部が関わっている。やっぱり手を握って脈を診るというのは、患者に対して、まさに安心感を与えるんです。このごろの医者は、コンピュータのほうばっかり見て、患者の顔を見ないというんだ。患者の顔を見ずに診察するというのだけれどね。やっぱり教養豊かな人を育てる、そういうバックグラウンドをちゃんともった医者を育てるいうのは、ものすごく大事なこと。それにプラス技術が付いてくるんであって、そっちばっかりが先であってはならない。それが今、そういうのも削れ、削れ、削れということになっている。

独立大学院

飯塚　少し総長時代の学内のお話をお聞きしたいということで、ちょうど平成十四年に生命機能研究科と情報科学研究科という独立大学院が設置されていますが、この両研究科の設置の思い出などありますでしょうか。

岸本　それは、医学部へ来る学生は医者になろうと思ってくるけれど、生命科学の研究というのは何も医者だけの問題ではない。だから、他の学部を出た人を生命科学の研究者にしていく場所を作るということで、生命機能研究科という大学院を作ろうとしたんです。

それは、細胞工学センターを母体にして、医学部と一緒になって、理学・薬学を中心にして、日本中から医学の研究をしようと思う人を呼んでこようということでスタートしました。それともう一つは、情報の研究科を作ること。

だけど、最初のうちは全国から相当の人数の倍率だったけれど、このごろは全体として少ないように思う。それもやっぱり、ある程度、非常に実利的になったんだろうな。それでは飯が食えないと、修士二年だけで製薬会社や研究所に就職するとかで、研究しようという人が少なくなりましたね。

飯塚　文系も同じですね。マスター、修士までは行くんだけど、そこから先は普通の就職をするというのが増えてきましたよね。

岸本　山村先生のときに作られた医学部の医科学修士課程というのがあるでしょう。それも研究者を作りましょうということで、よその学部から。だから、よく似ているわけ。前にも話したけれど、僕はその教授に最初になったんです。そこから何人かいい教授も出ているけれど、最近は、それも沈滞しているようです。そこでも役に立つことをやれとか言われているし、そんなのはあんまり面白みがないから、それだったら会社へいこうかということになって、だんだんと、本来の意味の大学という意味が薄れてくる。それが何十年、百年してきたときに、だんだん落ちてくるのではないかと思う。

なぜ、アジア全体の中で日本だけがノーベル賞を取ってきたかということでも言ったけれど、明治の時代から、大学への憧れやリスペクトがあったわけじゃないですか。そこから、役に立つかとか、実利的な流れになってきていることが、全体のレベルを下げてきてると思う。どう変えていくか。それは、どういうふうにしてお金を出すか。役に立つことをやれ、AMEDがこういうことの臨床につながるようなこと、薬ができるようなこと、医療機器ができるようなことをやれと言っても、できるはずがない。僕はそんなことを考えずに四十年やってきたらできたっていうんです。

飯塚　そうすると、研究費の出し方の問題と、研究者の養成の問題というのは深く結び付いているという話ですよね。

岸本　今のままでは、ここの大学へ行こうという人の夢も、実利の方向へ変わってきてしまう。何十年後かに、ノーベル賞がどうということはないけれど、そういう光り輝くものがなくなってくることにならないかと思う。

大学情報の発信

飯塚　少し話が変わりますが、先生の総長時代の大きなことということというのは、大阪大学の情報を発信するためということで、さまざまな事業を始められたということがあると思います。例えば『アニュアルレポート』とか、今もありますが『阪大ニューズレター』とかを始められました。

岸本　やはり大阪大学というのが知られてなかったね。今でもそうかもしれないけれど、東京のほうへ行って「阪大」って書いたら「さかだい」って読むんですよ。それではやっぱり、そういう点で見ても具合が悪い。

それから、阪大へ来る人というのは東から来るか？　来ないでしょう。ほとんど西。西も関西圏。九州も来ない。それはやっぱり歴史的に、東京と仙台と北海道と九州といったそれぞれの地域に一つずつ帝国大学を作りましょうという政策があったから。だから、それぞれのところで、それぞれ優秀なやつはいるんだけど。

そんなふうに、東京のほうではほとんど知られていないし、評価も低い。それをどういうふうに改善していくかと言ったら、できるだけやっぱりマスメディアで取り上げられないといけないわけですね。そういう努力をしないといけないわけ。

なるべく大阪大学を広く知ってもらう。こんないいことしてるんですよ、こんな大学なんですよということを広く知ってもらうということ。それによって、いい人材が集まってくることにもなる。東京・京都と格段の差でもないんだという。だけど、世間一般では格段の差。今でもそうだろうけれども、その当時はもっとそうだったんだ、「阪大（さかだい）」は。『阪大ニューズレター』は国立大学で初めての試みということで、文科省の優秀広報賞も受賞したんです。

僕は千里ライフサイエンスセンターの理事長をやっているけれども、そこでセミナーをやれば、日本中から集まってくるし、対談をしても断る人はいないし、もう千里じゃなく、べつに地方ではなくなっているわけ。そういうふうに日本中に発信することが大切なんです。

そういう意味で全国に発信しないといけないのだけれど、最近のを見ていると、ある程度、内向きになっているじゃない。外へ向かって発信するというのが弱まっている。

まだインターネットが進んでいない時代に、大学の全教員の情報を、『研究者総覧』としてまとめて公表もしました。

創立七十周年記念事業

飯塚　少し話題を変えますと、改めて、今日のインタビューに向けて、先生の式辞とか祝辞を読ませていただいたんですけれども、かなり努力されたのではないかなと思ったんです。

岸本　総長の一番の仕事は式辞でしょう。それから、七十周年記念事業として中之島センターを作るためにお金を集めたことでしょう。それは工学部の白川功教授と全部の大きな会社、東京も大阪も回りましたよ。あの当時で、十五億円も集まらんって言われたんだけれど、十五億円集まって、残りは大学共同利用の施設にするということで、文科省が十億くらい出してくれて、佐治敬三さんの遺産の三億もいただき、それで中之島センターを作りました。それが一番、七十周年でしたことだろうな。
良かったことは、それで、その当時の各企業のトップの人と全部知り合いになったということ。毎回、全部のところを訪ねて行って、初めから知った人もいるけれど、大部分は知らない人もいるじゃないですか。それで僕、よくしゃべるでしょう。べらべらしゃべって、それで七十周年の寄附をしてもらった。

だけど、あのときに、中之島の土地を大阪市は千平米しか返してくれなかったんだ。だから、建坪制限で、あれだけしか建てられなかった。そうじゃなかったら、もっとまとめて、もっと充実したかもわからない。大阪市は美術館と舞台芸術センターを作るということだったわけだ。全然できない。そのために安く売り渡した。坪、百万円もしてないんじゃないか。それで、大阪市に渡したけれど、二十年経った今でも美術館建設予定地の看板が立っているだけで、阪大の中之島センターだけが、ぽつんと建っている。

卒業式の後で学生と

また、七十周年記念出版事業として最先端の研究内容を一般の人にも知ってもらうため全部局の先生にわかりやすく書いてもらって、大阪大学出版会から「大阪大学新世紀セミナー」という三十巻の教養書シリーズを出版しました。ずいぶんと話題になったと聞いてます。三十巻目は私も書いています。

新旧総長歓送迎会（1997年）

式辞

飯塚　では、もう一回、先ほどの式辞のお話に戻りたいのですが。非常に興味深かったのは、ずうっと流れている先生の考え方というのがあって、「多様性の重要さ」というのは、どの式辞を読んでも出てくるんですね。それを自分の専門と関わらせながら語りかけているというのが、非常にこちらに訴えてくるものがあるのですが、あれは、もちろん意図的にですね。

岸本　そうかもしれませんけど、山村先生が「正宗で鉛筆は削れんのやで。鉛筆を削るには肥後の守がいるのや。それぞれみんな違った、持って生まれた才能というか何があるんや。だから、これだけでええんや、これではあかんのやというふうに考えたらあかんのや」ということを言われたんです。それで、上のやつなんか、みんな蹴散らかせと。下はかわいがれとか言って（笑）。

飯塚　ちょうど総長をされていた時に九・一一のテロがあって、その時の式辞も、この中に入っているのですが。それをどう書くべきかというのは、いろいろ考えられたのではないかと思ったんですが。イラクへの侵攻も、割と批判的に書かれていて、それだけで解決するのかというのを、正面から書いておられたので、これも勉強になりました。

岸本　それは一番最後だと思うんだ。九・一一でアメリカはイラクに行くかというところが僕が総長をした最後のときだったと思うんだけど、それに反対の式辞を書くか、それが正しいことなのか、間違っていることなのかというのは悩んだね。

それで、やっぱりそれは間違っている、その後、きちんとならないと考えたら、やはり結局、余計騒ぎを広げて、それが今のＩＳまでつながっている。

飯塚　そこに専門のお話を入れながら、多様性が如何に重要かと。それが一色になると転んでしまいますよという。聞いているほうも、おそらく印象に残ったお話じゃないかなと思って聞かせてもらいました。

第四章　大阪大学総長退任後

総合科学技術会議議員

飯塚　今日は、総長を退任された後のことを伺いたいと思います。総合科学技術会議の常任議員を始め、多くの政府系委員を務められていますが、これらの思い出はいかがでしょうか。

岸本　総長のときも研究はやめない、特別推進も両方やらせろと言ったんだけれども、総合科学技術会議のときも生命機能研究科で研究もしていました。火曜日に行って金曜日に帰るか、金曜日にそんなに何もないときは木曜日の晩に帰って、金・月は研究室にいました。金帰火来という生活。

会議で主張したことは、繰り返しになりますが、いったん二十歳代とかで助手になったら、途中でどうなっても、何にもしてなくても、停年まではいけるんだと。そんなもんはおかしいと。もっと、そこに競争的原理が入ってないとあかんということ。

アメリカを見なさいと。例えば、僕が一九八〇年代の終りに行ったハーバード大学では、チェア・プロフェッサー（chair professor）というシステムがあるんです。それは、ハーバードに誰かが百万ドルとか二百万ドルを寄附したら、五パーセントの運用益で一人教授を呼べるというものです。その当時、百万ドル研究費を取ってきたら、最高でもう百万ドルが間接経費として大学へ入るというのもありました。だから、大学は、そういう大きな研究費を取れる人を呼んできた。そういう経費が何兆円とあって、その運用をする人だけでも膨大な数の人がいて、そういうふうにしてお金を取ってこれる人を世界中から集めてくるんです。

僕は、総合科学技術会議で、研究者が研究費を取ってきて、その額に応じて、大学へ間接経費を払う、自分の給料を自分の研究費から出すという競争的なシステムを取り入れるように主張したんです。その時分には、そんなものない。全部、国家公務員で決まっているわけ。教授何人、助手何人という定員が決まっているところで、そんなことをいくら言っても、なかなかそれは通用しなかった。

ところが今、相当な部分がそういうふうになっている。特に、五年雇用とかになって、それは僕が最初に言っていたときのかたちが、だんだんと実現してきたわけ。

そうすると、今度はそれに対して、やっぱり負の、影の部分が出てくるわけ。理系とかいろんなところは、多くは任期制でしょう。それがやっぱり割に合わないじゃないかという意見も出てくるし、若い人材がなかなか集まらないとか、医学でも基礎的な研究になかなか人が集まらないとか、文系だったらどうとか、そんなのもだんだん言い出したら、お金にもならない文系はつぶしてしまえとか。儲かることというか、出口志向になってきたわけ。競争的原理の導入という点では、僕が一番最初に言っていたことが、広がったんだと思うけれど。広がって果たして良かったかどうか、ちょっと行き過ぎたのかなという感じがするんですけどね。

そこで一番の問題は何かというと、研究費を競争的に取ってきた場合、アメリカでは大学の格にもよるけど、取ってきた研究費の五十パーセントか百パーセントの額が別に大学へ入るから、大学はいい人を集めれば、それだけ儲かるというシステムなんだけど、日本では、そういう制度が、取ってきた研究費の中から間接経費を入れろというふうに変わって、もらうほうの額が減っている。

今は公務員でないけれども、国から決まった月給をもらう方がよくて、それがないのは、不安定ということになっている。

例えば、免疫学フロンティア研究センターは十年の時限付組織です。でもそうすると大学や微生物病研究所の定員にはいい人が集まってくる。でも、この期限付のセンターの任期付の研究者で特任という名前が付いたら、「ああ、特任か。ちょっと程度が低いな」という。僕も特任やで（笑）。

それからもう一つは、競争的研究資金がちゃんとうまく配分されているかという問題です。本当にいい研究に、本当にいい人に適正に分配されているか、それが評価されているかということ。そこのところが十分ではなかったら、やっぱり、そこが狂ってくる。

僕が総合科学技術会議で今はゲノムだというと文科省も厚労省も経産省も、みんなそこへ研究費を出すんですね。そういうふうにしたら、財務省から予算が取りやすいからね。

そうすると、一人の人の所に集まるんですよ。それで、ある人の下に何十億か集まるということが多かったんだね。僕は、それを皆調べて、こういう状態で果たしていいかということを言った。そうしたら、総合科学技術会議は全部一つにしろ、ライフサイエンスなら文科省も厚労省も経産省も、そこから研究費を一つに合わせて、そこで全部審査して、それで出すようにしろとなったんです。最近「日本型ＮＩＨ」とかいうのができているでしょう。そこへ三つの省庁から一千何百億か集めて、ちゃんと分配しますと言っているけれども、果たして適正に分配されとるかどうかということも問題です。同じプロジェクトにということは起こらないんだけれども、はやりのところへ、例えば再生医療に集中する。

総合科学技術会議というのは、月に一回、総理大臣と財務大臣と文科大臣と科学技術政策担当大臣と四人の議員で議論するんだけど、僕がよく発言するんで、その会をオーガナイズする人に「先生、こんなに大阪弁が官邸で鳴り響いたのは初めてです」と言われました。僕がやってる間は小泉総理で一番リーダーシップがあって、強かったんで、如何にちゃんと小泉さんを説得するか、「ああ、そうやな」と思わせることが大事だった。例えば、来年から五カ年計画というときに、計画の中に二十五兆円という数字を入れたかったけれど、経済財政諮問会議も財務省も「数字を入れることは、その五年間の間に経済も変わっていくし、最初から二十五兆円というのを書いてもらうのは困る」と反対したんです。でも僕は「科学は大事です。特に人材の育成が大事です」と言った。当時、中国の有人宇宙飛行や世界最速のコンピュータや自由電子レーザーとかが話題となっていました。だけど、僕は「如何に宇宙へ人を送っても、世界で一番速く計算するコンピュータを作っても、決して世界は日本をそんなんでリスペクトするわけやないと。人を育てること、突出した人が次々に出てくること、それが一番、世界が尊敬することです。そのためには、科学にお金をちゃんと出して、人材をどんどん出してくるような政策をやるべきです」と主張したんです。

それで、小泉さんが「わかった」と言ったら、それで「官邸が言うてます」ということで二十五兆円になったんです。

それからもう一つ、五カ年計画の標語のような言葉として、僕は「物より人へ」と「組織から個人へ」という二つを入れるように言ったんです。

その「物より人へ」というのはそのまま通ったけれど、「組織から個人へ」という言葉には、いろんなところ、とくに文科省から反対されました。そのときロケットやスーパーコンピュータや自由電子レーザーなど「国家基幹技術」という言葉を入れようという動きがあって、僕はそれに対して「物より人」だと、大学に力を入れろと、人を育てることに力を入れろという主張をしたんです。

それで小泉さんは、ある程度、わかったんだと思う。それで、「国家基幹技術」の方は小さくなって、標語として「物より人へ」というのが入ったんです。

議員のとき、ホテル暮らしではなくちゃんと官舎に住むように言われたんだけど、食事の準備やごみの分別がたいへんだった。生ごみが僕のいない月曜日の収集で、わざわざ部屋の前に戻されるなんてこともたびたびあって、こんなことこりごりだと思った。二年の任期のあと「延長してくれ」と大臣に直接言われて仕方なく受けたものの、そのころから不整脈がよく出るようになって、六月の途中に「辞めさせてくれ」と言ったんです。そうしたら、あれは国会承認人事で六月の通常国会会期末までに後任を決めないといけない。本庶佑先生になんとかお願いして彼は五年務めました。周りに研究だけしたいから辞めたと思われていたそうだけど、その翌年二〇〇七年に心臓のバイパス手術をすることになって、「やっぱり、悪かってんなあ」って（笑）。

それともう一つ、世界拠点を五つ作ったんです。ドイツにはマックス・プランク研究所とい

IFReC 創立 10 周年と私の喜寿を祝う
シンポジウム（2016 年）

うのが、大学と連携しながらそれぞれのところにあります。日本には、突出した伝統的な研究がいくつかあります。東北大学には本多光太郎以来の磁石の研究から、鉄とか、それから材料の研究があります。東京大学には宇宙物理学があります。京都大学には、その当時だったら数学とか、そういう面で非常にいいのがあります。iPSは、まだなかったけれど再生医療とかいうのがありますと。

そういうふうな、いくつか世界に通用する、それから世界から人が集まってくる、そういう拠点を作って、そこへ少なくとも一つのところに二百五十億ぐらい、五つで一千億ぐらいで作ったらどうですかと主張したんです。それで世界拠点を作るということが進み始めて、最終的には、一つ十三億円と予算は縮小したけれど（笑）。それで、東北大学には物質・材料のセンター（原子分子材料科学高等研究機構）ができて、東京大学には宇宙・物理のセンター（カリブ数物連携宇宙研究機構）ができて、自分では何も言わなかったけれど、大阪大学には免疫学のセンターを作りますということになったんです。この免疫学フロンティア研究センターも十年の期限がもうすぐ来る。それで去年（二〇一五年）、中外製薬の会長に電話して「ここの研究所を買うてくれますか」と、買うという意味は違うけれど、そう言ったら「わかりました。どれだけ要りますか」と。このセンターは国から世界拠点として十三億もらっていたから「十億、十年間、出してくれますか。何の制約もなしに、同じように」と言ったら、「わかりました」と百億円を出してくれることになったんです。

飯塚　その総合科学技術会議っていうのは、聞けば聞くほど非常に大きな影響力をもっていたんですね。

岸本　その時分はものすごく強かったんだ。それがだんだん小さくなって、しかも最近は総合科学技術・イノベーション会議とかいって、中心は全部企業の人になったわけ。イノベーション、何か役に立つことをやれという。それが間違い。

受賞

飯塚　前回、文化功労者、文化勲章受章のお話をお聞きしたんですが、その後もいろいろな賞を、クラフォード賞をはじめとして国際的な賞を受けられているんですが、そういういろんな受賞の中で思い出になっているようなことが、もしあればお聞きしたいんですが。

岸本　一番思い出になっているのが朝日賞です。僕はこの何年もの間、あの賞の審査委員をやっているけれど、文化勲章をもらった人まで出してくる人がいるわけ。なぜかと言うと、正

朝日賞受賞式（1989年）

月の朝日新聞に、ばあっと大きく出るでしょう。それはやっぱり新聞社が総力を挙げて、それぞれの担当の文化系、科学系記者が全部聞き回って、セレクトして、何人かに絞って、そして審査委員会でその中から選ぶわけだから、変なバイアスが入らないわけ。非常に公平。

それでね、朝日賞をもらった時が一番嬉しかった。というのは、うちのおふくろが「まあな、朝日賞ぐらいもらわんとな」ばっかり言っていたの（笑）。

飯塚　平成元年（一九八九年）ですね。

岸本　いとこがやって来て、「やっと日の目が出てきましたな」とか言ったな。僕も研究者になってから、やっぱり朝日賞が一番嬉しかったな。あとは、もう惰性みたいなもの。そういうふうなことをいろいろなところで言ったけれど、朝日新聞以外は絶対に書かんな。

飯塚　これを見ると、平成元年が朝日賞で、その翌年に文化功労者という順番になっていますね。

岸本　そうそう。文化功労者は十五人いたんだ。文化功労者には年金が付くんです。文化勲章をもらっても、勲章にはお金を付けないという規則になっているから、文化功労者の中から、文化勲章をその後で選ぶんだけどね。でも、文化勲章は大きかったな。朝日賞の次にね。それからずっと、しばらくの間はいろいろな受賞が続きました。

日本学士院会員は医学部長になった年、五十五歳くらい。会員になった順番の席順で、僕は早くなっているから、ものすごく前のほうになるんだ。「ちゃんと生きたら一番前になりますなあ」って僕が言っていると言われてます（笑）。

恩賜賞　日本学士院賞受賞の時、母と（1992年）

学会活動

飯塚　では、次のお話を伺いたいと思っています。学会活動のほうなんですけれども、それこそ本当にお若いころに日米免疫部会会長をされたり、国際免疫学会の理事だとかもされています。

岸本　国際免疫学会の会長で、何年前になりますかね、神戸でやりました。あれは三年ごとだから、今年（二〇一六年）はオーストラリア、その前がミラノで、その前がブラジル。その三年前。これも会員数五、六千名の大きな学会ですからね。この学会と、日本医学会総会と一緒の年になったら困るなあと思っていたんです。三年おきと四年おきと。それが医学会総会のほうが先だったんですかね。それで三年後に国際免疫学会だったんだけれど、国際免疫学会は昔、第五回目の時に山村雄一先生が京都でやられて、その辺が境目というか、引き金になって、日本の免疫学が相当強くなりましたね。五、六千人が集まりました。

飯塚　国際学会が五、六千人っていうのはすごい人数ですよね。

岸本　一九八〇年にパリでやったときは、一万人近かったけれども、だいたい他のときは六千人来たら多いほうです。

文化勲章を受ける（1998年）

飯塚　ほかにもいろいろやられているんですけど、今、言われた日本医学会ですよね。

岸本　医学会総会。これを大阪でやることの意味は、その時に他の分科会というか、外科学会や内科学会とかも皆、だいたい大阪でやることになるんですが、そうすると大阪大学の教授がだいたい各分科会や学会の会長になるんです。あのときは足の静脈瘤の手術をして、その後、感染を起こして、入院していたんだけど、内科の堀正二先生が準備委員長で、どうしても東京の医学会に行って大阪に招致してほしいといって外科のドクターの了解を取ってきていたんです。東京の病院とも連絡をとりながら出席して、大阪に決まって帰って来たら、その外科のドクターが、「よう先生、まあ、ちゃんと帰って来はりましたな」って。詰まったり、飛んだり、いろいろなことを心配してたそうだ。「あんたが大丈夫ですって言うたやろう」って(笑)。

この間、十一月もそうだった。胆のう炎になって、敗血症、胆のうから菌が血中に出ていたけれど、僕が委員長をしている武田医学賞の授賞式が東京であったんです。今回もホテルの横の虎ノ門病院に頼んだうえで出席しました。晩さん会は欠席してホテルでおかゆを食べる予定でしたが、結局フルコースを美味しく完食したけれど、大丈夫でした(笑)。そんなことばっかりしてます。

国際サイトカイン学会会長として、
若い研究者と(英国で)

免疫学フロンティア研究センター

飯塚　もう一回、研究のお話に戻りますけども。総長を退任された後、生命機能研究科の招聘教授になられて、しばらくして免疫学フロンティア研究センターをお作りになられたんですね。

岸本　あの時は総合科学技術会議の議員をしてたから、そちらで月給をもらうので、こっちは無給の招聘教授でした。今は、ここの特任教授だけど、何もそんなにここからもらっていないんです。時給九千円で木曜日二時間だけということになっています。一時間九千円で二時間。抗体医薬アクテムラが、今、世界中で使用されて今のところで特許料が全体として相当額入っているでしょう。だから、五十五パーセントプラス八パーセントの消費税の六十三パーセントが税金。で、あと皆、寄附してるでしょう、免疫学会に一億円とか、外国人留学生に五千万とか。全部寄附して、僕もそこから月給をもらっているんです。

飯塚　このセンターを作られるっていうのは、やっぱりいろんな大きな構想があったと思うんですけれども。

岸本　それは、総合科学技術会議で世界的な拠点を作れ、そして、できるだけ外国人が来るようにと主張したことが元になっている。だから、僕はその外国人留学生の費用として五千万円を寄附してるわけ。ＪＳＰＳ（日本学術振興会）と同じ条件です。だから、ここの外国人留学生のパーセンテージは増えているじゃないですか。僕の研究室はほとんど外国人。日本人はほとんど来ない。

千里ライフサイエンスセンター

飯塚　山村先生が構想されて作られたものだということがあると思うんですが、千里ライフサイエンス振興財団の理事長を二〇〇七年から務めておられます。

岸本　大阪はやっぱり創薬。それで、その時分から山村先生は大学と企業との産学連携を考えていたんです。薬というのは、やっぱり知的集積の一番大きな産業です。それで大阪大学と連携を作るために、大阪の北の丘陵地帯を開発して製薬企業の研究所などを誘致しようというのが、山村先生の発想だったんです。ちょうどそういうことをやり始めたときにバブルがはじけて、いったん頓挫したんです。

千里ライフサイエンスセンターの山村先生のモニュメントと私の理事長就任

飯塚　そうでしたね。

岸本　その後、僕は、やっぱり中核に国の研究所があれば企業も寄ってくるのではないかと考えて、厚労省の医薬基盤研究所をあそこへ作ろうとした。

それも、なかなか大変だった。厚労省の側にしてみたら、何か作るとしても、それはやっぱり筑波とか、そっちのほうに作りたい。それで、当時の大阪の副知事とか、いろんな人と一緒に働きかけてやっと、彩都という名前にして、あそこに作ることになり、二十区画ぐらいあった西部地区は全部うまりましたね。

　それで山村先生の考えは、そういう所に研究所を作って、大学の先生や皆と交流するために、いわゆる学問の赤ちょうちん的な施設を作らないといけないということで、千里中央に千里ライフサイエンスセンターを作ったんです。その時に、土地は大阪府が出したんです。建物は企業とかいろんなところから借金をして造ったんだけど、やっぱりその借金の利子とかが大変で、土地付きで外資の会社に売ったんです。その時の契約の条件は、我々がセミナーや学会をするところやオフィスもただで貸すということ、飲み屋とか、パチンコ屋とか、キャバレーみたいなものとか、おかしなものには絶対に貸さないこと、名前は千里ライフサイエンスセンターのままで変えないこと。その名前だからこそ、塾とか、製薬会社の支社とか、診療所とか、いっぱい入っている。あのビルは、ものすごくよくはやっているんです。それは千里ライフサイエンスセンターという名前がやっぱりいいわけだ。ネーミング料をうちに払ってもらわないといけないぐらいだと思っています。

　あそこでセミナーをやったり、フォーラムをやったり、対談をやったり、いろんなことをやっているけれど、僕の自慢は、いつもセミナーをやるときに入りきらないほど満員になる。日本中から集まってくる。

それともう一つは、誰に頼んでも、講演する人も対談するのも全部、いまだかつて断られたことがないんです。ということは、それだけプレステージがあるということ。そう思っているんです。だから、そういう面では、あそこは栄えているんです。だから、千里ライフというけれど、全国規模のものになりましたね。

大阪大学へのメッセージ

飯塚 いよいよ、四回のインタビューの最後に、現在の大阪大学、あるいは大阪大学の学生や院生、研究者を目指すような人たちに送っておきたいメッセージをぜひお願いしたいんですが。

岸本 世の中、変わっていくわけでしょう。人工知能も進歩するし、仕組みも常に変わっていきますよね。それに如何にちゃんと対応していけるような人間になるかと。単に、大学の試験に通ったということじゃない。その千里ライフのところを夕方フォーラムとかで行く時に見たら、小学校の生徒が弁当と水筒下げて、たくさん塾へ来る。それを親が皆、車で送ってきている。そのようにして、塾へ行って、阪神間の中高一貫の学校へ行って、それで大学へ入るわけ。それが本当に偉くなることかということです。試験で通るようなことだったら、人工知能のほうがずっと偉くなる。

クラフォード賞受賞、グスタフ国王夫妻と（2009年）

そうすると、本当に偉いということがどういうことかということでしょうね。やっぱり一番大事なことは、一番自分の好きなことをするということでしょうね。そして、続けるということ。僕はいまだに続けているわけ。最後まで続けられるようなことを、自分の才能をどこかで見つけるという。今までみたいな一般的なところへ就職しても、サラリーマンという職業はなくなっていくわけだし、それでは面白くない。

だから、自分が最後に、今の二十歳代でそんなことは考えないだろうけれども、僕らの年になったら考えることは、自分が生きたことに何か証しが残ったかということです。僕自身の問い掛けだけれど、「人を遺すは上なり、仕事を遺すは中なり、財を遺すは下なり」というけれども、そういうもんで遺っていったかということです。

まあ僕は、ある程度残ったね。ある程度、人も仕事も。だから僕の場合で言えば、仕事が世界中で使われて、何千億になる薬ができたということは、お金の問題じゃなくて、それだけ多くの人が苦痛から救われてるということですね。例えばルノアールはリウマチでもう全然動かんようになった手に絵筆を付けて描こうとしていたわけでしょう。それが、これからは治療を早いことちゃんとやれば、骨の異常はなくなるんだから、そういう面では非常な助けになっているし、また、そこからそういうふうにいろいろな活動をする人が生まれてくるわけだね。だから、それは役に立ったし、生きた証しを遺したと。もちろんその研究を通して多くの研究者が育ちました。人が遺ったといえます。

その仕事を通じて得た益によって、今度は財で人が育っていくという仕組みが、ある程度回る。それは幸せだったと思うんだけれども、それは何もそれを目指したわけではなくて、好きでやっていたらそうなっていくわけでね、自分が一番好きなこと、それをやることだね。どの分野であるにしろ。

飯塚　人工知能のお話、非常に面白かったです。

岸本　医学、医者だったら、やっぱり人と人との関係です。だから、好きなことを突き詰めていくんだけれど、人間としての、ロボットでない温かみというか、やっぱりロボットにはブレークスルーをきたすような絵は描けないし、音楽はできないのじゃないかな、いくら教えても。何百年も残っていくそういう面でやっぱり人間の価値がある。

キング・ファイサル国際賞受賞、
サウジアラビア国王と（2017 年）

それで、大学は、そういう人間を育てていく、そういう環境を与えるということです。

飯塚　どうも長い間ありがとうございました。

第五章　式辞・告辞

平成十三年度入学式告辞

「専門人」としての知と幅広い教養を

新入生諸君、大阪大学への入学おめでとう。中学から高等学校、あるいは、人によっては小学校からの長年の勉学と努力の甲斐あって、本日、無事難関を突破し、目標とした大阪大学へ入学されたことを、心よりお祝いします。御家族の皆様方にも心からお祝いお喜びを申し上げたいと思います。

大学の入学試験については、いろいろ批判もあります。たしかに、入試センター試験で平均点が八十点であるか七十五点か、たった五点違うことは、合否には関わってきますが、人間の全能力からみれば、それは全く無意味なことといえるでしょう。しかし、一つの目標を決めて、それに向かって努力し、その目標を達成したという事実は、これからの諸君の人生に大きな自信を与えてくれるだろうと私は思います。〝やれば出来る〟という信念を与えてくれるでしょう。知識の詰め込み、知識偏重に対する批判もあります。その対極としての、ゆとりの教育の功罪についても、いろいろ議論されています。しかし、極論すれば、人間の脳もつきつめればコンピューターと変わりがないと私は思います。入力された知識の量が多ければ多いほど、創造的な考え方が出てくる確率は大きくなるでしょう。諸君が挑戦した阪大の二次試験の問題に、私も挑戦してみました。私が諸君と競争できるのは、多分、英語と生物ぐらいのものでしょう。このような難しい問題を解いて入学してきた諸君の優秀さに、改めて感心しています。

しかし、現在の入学試験には大きな問題もあります。それは、入学試験で選択しない科目は、高等学校で習わないことが多いということです。高等学校の教育が、大学に入るためのものになっていることです。理科を例にとってみますと、理科系学部に入った多くの諸君は、多分、化学と物理を選択したでしょう。したがって、その中の多くの人は生物を高等学校で学ばなかったかもしれません。二十一世紀は生命科学の世紀ともいわれます。ヒトのＤＮＡの配列が全部わかります。クローン生物が次々と生まれる、体外受精が日常茶飯事として行われる、ひょっとするとクローン人間まで作られるかもしれません。これがどんどん進んでいくとき、ヒトという生物種さえも変えてしまう危険性もあります。その流れを正しい方向に向けるのは国民の総意です。そのようなとき、遺伝子についても、受精についても正しい知識をもたないとしたらどうなるでしょう。これは単に生物に限りません。もし、高等学校で世界史や日本史を習わなかったとしたらどうでしょう。世界と日本の歴史の流れを正確に知ることにより、はじめて現在の日本のあるべき姿、二十一世紀の日本の進むべき方向に関して、国民一人一人が正しい判断を下せることになるのでしょう。そういう意味で、中学、高校で全ての科目について幅広く勉強する必要がある。もし、大学入試のためにしか勉強しないのだとしたら、入学試験には全科目を課すことも必要になるのではないか、と私は思っています。

いずれにしても、諸君は難しい問題を解いて大阪大学に入学してきました。しかし、間違ってはいけないこと、それは勉強はここで終わるのではない、これから始まるのだということです。往々にして、有名大学に入ったら人生の大半の目標は達成したという、間違った考えをもつ人がいます。二十年前、高度成長期の日本では、それはある程度当たっていました。有名大学から有名企業へ、あるいは有名官庁へ、そして終身雇用、年功序列というしくみが機能していました。しかし、そのしくみは、ほぼ完全に消滅しつつあります。どの大学を出たかではなく、そこで何を学んだか、何ができるかが問われます。大阪大学は優秀な諸君を迎え入れ、二十一世紀の日本のあらゆる分野でリーダーとして活躍する人材、世界六十億人に魅力を感じさせうる、世界に雄飛する人材を育てる環境を作っていかなければならないと考えています。

現在の日本が、明治維新や第二次世界大戦後にも匹敵する、社会の大きな転換点にあるという認識からすれば、新たな時代に即応する学、ないしはその学を実践する大学は、総合性を絶対的な条件とすると思います。いわゆる「専門人」としての知を深めることは、むろん不可欠ではありますが、今では人類の課題は、そのほとんどが特定の専門分野だけでは解決できない広がりをもっており、総合的な対応こそが求められているのであろうと思います。文系、理系という区別さえ、ほとんど意味を失い始めているといっても、過言ではありません。近代の教育研究の歴史は、特定の分野に深く切り込む専門人でありたいという理想と、偏りのない幅広い教養を身に付けたいという、ルネサンス人文主義以来の全人的理想の狭間で、揺れ動いてきました。しかし、今日求められているものは、これら二つの理想のどちらかへの傾斜ではなく、幅広い文化教養を基盤として、その上に聳える高い専門性をもつということであろうと思います。

そういう意味で、大阪大学は、学部教育においては教養教育、いわゆるリベラルアーツアンドサイエンスを重視します。医学部に入ってきた人の中には、私は心臓外科をやりたいと思って入ってきたのに、なぜ、万葉集を学ぶのか。早く手術の練習をさせてくれ。あるいは、法学部の新入生の中には、私は法律を学ぼうと思っているのに、なぜ、難しい物理や数学が必要なのか。司法試験に通るための予備校へ行く時間がなくなる。といった考え方は間違っているということが、多分、私の今までの話から理解していただけるだろうと思います。

さて、諸君が入学してきた大阪大学は、二十一世紀の始まる今年、創立七十周年を迎えます。数百年の歴史をもつ欧米の大学に比べれば、七十年の歴史は問題にもならないかもしれません。しかし、大阪大学の源流は、江戸時代、国内最先端を行く学府として大坂の地に花開いた、懐徳堂および適塾に遡ることができます。一七二四年に設立された懐徳堂は、五名の大坂町人有志の発意と出資によるものであり、既存の権威に捉われない市民的性格と批判精神を基本理念として、独創的な発想を重視する、自由で闊達な学問の場であったといわれています。「書生の交わりは貴賤貧富を論ぜず、同輩たるべきこと」と学則に記されていますが、封建時代の身分制を考えるとき、これは画期的なことであったといえるでしょう。江戸に比べて、大坂は町人の町として独特の文化基盤を形成し、その自由な雰囲気の中から、このような学問塾も生まれてきたのであろうと思います。この自由な学風、批判精神が現在の大阪大学にまで受け継がれてきていると私は思っています。

他方、一八三八年に医師、緒方洪庵が設立した適塾は、当代日本一の蘭学塾として、全国から大志を抱いた若者がここに蝟(い)集し、福沢諭吉、橋本左内など、幕末明治の激動期に、近代日本の行く末を決定する役割を果たした、多数の俊英を輩出しました。

司馬遼太郎の長編小説の一つに『花神』というのがあります。〝花神〟とは枯木に花を咲かせる〝花咲かじいさん〟のことです。ここで『花神』は周防の村医から、適塾で蘭学を学び、討幕軍の総司令官となり、明治の近代陸軍制度の創始者となった村田蔵六、後の大村益次郎の生涯を描いたものです。その書き出しは、適塾の紹介から始まります。

その一節を紹介しますと、

「適塾」という、むかし大坂の北船場にあった蘭医学の私塾が、因縁からいえば国立大阪大学の前身ということになっている。宗教にとって教祖が必要であるように、私学にとってもすぐれた校祖があるほうがのぞましいという説があるが、その点で、大阪大学は政府がつくった大学ながら、私学だけがもちうる校祖をもっているという、いわば奇妙な因縁をせおっている。

江戸期もおわりにちかいころ、大坂で、「過書町の先生」といわれた町の蘭方医緒方洪庵が、ここでいう校祖である。「人間は、機械とおなじかもしれない」という、およそ非神秘的なことを、独特のおだやかな物言い方で、門生に説ききかせたひとである。その門生のなかに、福沢諭吉もいる。橋本左内、大村益次郎、大鳥圭介、長与専斎、箕作秋坪、佐野常民など、幕末から明治にかけての文化大革命期に登場する人物の名が、この塾にいまも保存されている門人帳にのっている。

適塾の建物は、問屋の町である北船場の過書町にあった。いまもある。町名がかわって、東区北浜三丁目になっている。

と書かれています。政治の中心ではない大坂の風土が育んだ、市民的自由の雰囲気と、新たな歴史状況に積極果敢に対応する進取の気性こそが、大坂の地に設立されたこれら二つの学塾の成功のかぎであったといえるでしょう。そして、その伝統が、七十年前の大阪財界、大阪市民らによる物心両面の尽力があって大阪帝国大学の設立につながり、現在に至っているということができるでしょう。

同じく司馬遼太郎は「二十一世紀に生きる君たちへ」の中の小文「洪庵のたいまつ」の中で、「洪庵は自分の恩師たちから引きついだたいまつの火を、よりいっそう大きくした人であった。彼の偉大さは、自分の火を、弟子たちの一人一人に移し続けたことである。弟子たちのたいまつの火は、後にそれぞれの分野であかあかとかがやいた。やがてはその火の群れが日本の近代を照らす大きな明かりになったのである。後世のわたしたちは、洪庵に感謝しなければならない。」と書いています。

生物としての人間の最も重要な役割は、ＤＮＡをつなぐことです。この地球上に生命が誕生してから三十億年、生物は延々とＤＮＡをつないで現在の人間まで進化を遂げ、その過程でほとんど無限ともいえる多様な生物種を生み出し、豊かな地球を作り上げてきました。しかし、もしＤＮＡをつなぐだけが人間の役割なら、我々は三十歳でこの世から消えても、何の不都合もありません。ところが神は我々に八十歳台までもの寿命を与えました。これは、人を育て、教え、人から人へたいまつの火をつなぐためであろうと思われます。事実、緒方洪庵のたいまつの火は、大阪大学において見事に受け継がれています。一九三一年、大阪帝国大学が設立されたときの初代総長は、長岡半太郎博士でありました。博士は一九〇三年、「土星型原子模型」を提唱しています。十年後、「原子は大きな質量をもち、陽電荷をもった、ごく小さな原子核と、そのまわりを回る電子群からなる」ということが、実験的に実証されています。一九三四年、長岡半太郎は総長を辞するとき、「阪大を去るに当たっての辞」の中で次のように述べています。「阪大を日本一の大学にするため、教授陣には私の力かぎり新鋭をすぐって、集まって頂いたつもりである。そして、研究第一、殊に産業科学の研究に力を入れる気運を作った。長岡は今阪大を去るが、どうか、教授、学生共々に、この阪大の学燈を守って頂きたい」と。阪大の図書館には、博士の「糟粕を嘗むる勿れ」すなわち、常に独創的であれ、という額が掲げられています。

それ以後七十年、大阪大学は、現在に至るまで、学問研究において、いろいろな分野で数多くの独創的研究を生み出し、世界の学問の流れに大きなインパクトを与え続けています。〝たいまつの火〟は見事に受け継がれています。この火を更に大きくあかあかと輝かせるのは、二二十一世紀、日本のあらゆる分野でリーダーとして活躍する諸君の務めです。諸君の前には、二十一世紀後半に至るまでの、長い長い未来が開けています。諸君がこれから五十年、アクティブに生きるとして計算すると、それは約一万八千日ということになります。これが長いか短いか、人それぞれの捉え方があるでしょう。人生も終わりに差しかかった私からすれば、六十年、約二万日はあっという間に過ぎ去ったという感じがします。一日一日を如何に生きるか、そして、それを如何に積み重ねていくか。それが、人生の終わりに差しかかったとき、意味のある人生だったといえるかどうかを左右することになるのだろうと思います。〝時は流れない　それは積み重なる〟新入生諸君が諸君の一日一日を大切に積み重ねていかれることを期待して、私の告辞といたします。おめでとうございました。

平成十三年度大学院入学式告辞

人まねではなく常に独創的であれ

大阪大学大学院博士課程、あるいは修士課程に入学された諸君に、まず心よりお祝いお喜びを申し上げたいと思います。

我々は本日、午前中に二七一一名の学部新入生を迎え入れ、ここで入学式を行いました。大学院の入学生は博士、修士を合計すると、二八四一名となり、学部新入生を上回っております。大阪大学は昨年、十学部全部の大学院重点化が完了し、大学院を中心としてその下に学部が附属するという組織に変わりました。名実共に研究型大学院大学になりました。このような組織改革で何が最も良かったたか、それは、大学院入学者に占める他大学卒業者の比率が、大きく増加してきていることだろうと私は思います。アメリカでは、四年制のカレッジ卒業生がメディカルスクール、ロースクール、あるいはPh. Dコース等の大学院へ進学しますが、その時、同じ大学からは一定比率以上は決して入学させません。したがって、多くの大学の卒業生が混じり合うことになります。他の大学の卒業生と比較されることになります。自然に大学の評価につながります。これが最もよい大学評価だろうと思います。異なったバックグラウンドをもつ人、いろいろ異なった大学で教育を受けてきた人、このような人達が混じり合うことによって、大学はいよいよその活力を増していくことであろうと思います。

日本には九十九の国立大学があります。五百以上の種々の私立大学があります。一般教養教育に力を注ぐカレッジもあるでしょう。専門職業人を育てることを目指す大学もあるでしょう。世界の科学をリードする、突出した研究をすることを目標とする大学もあるでしょう。いろいろな大学があっていい、あるべきだと思います。それぞれの大学は、自分の大学が目標とするところに誇りをもち、その特色、個性を発揮するべきであろうと思います。全ての大学が大学院をもつ必要はないでしょう。逆に、大学院に重点を置く研究型大学が、学部の拡充を図る必要もないでしょう。私は、大学院における教育は、決して教科書を教えることではない、突出した創造的研究を通してのみ行われるものであると思います。世界をリードするような研究の行われていないところに大学院教育はありえないと思います。その点で、大阪大学は理工系、生命科学系、人文社会科学系、あらゆる分野において我が国の、というより世界の学問の潮流に大きなインパクトを与える、数多くの研究成果を上げていることを、私は誇りにしています。このような場で大学院教育を受けられる諸君は幸せであるし、諸君の努力、頑張りによって、この中から二十一世紀の学問の流れに影響を与えるような研究成果を上げる人が、数多く出てくることを、私は期待しています。

私の専門とします生命科学の領域を一つの例として取り上げてみても、二年前、我が国最初の心臓移植は阪大で行われました。その後も、心臓や肺の移植は数多く我々の大学で行われ、何人もの人の命を救うことに貢献しています。このこと一つを取り上げても、大阪大学の医学のレベルの高さ、層の厚さをよく表しているだろうと思います。生命科学の研究でも、一、二を取り上げても、体の左右を決定する遺伝子の発見や、細胞を殺す引金を引く分子の発見、筋肉細胞の収縮機構、等々、世界の学問の流れにインパクトを与える研究成果が輩出しています。このような成果、実績を基盤として、我々は現在、生命科学と情報科学の新しい大学院を設立することを計画しています。日本の多くの四年生大学学部で生命科学やコンピューターの基礎的教育を受け、この分野に興味をもち、将来この分野で創造的研究に携わりたいと思う学生をアトラクトし、将来、世界に通用する研究者に育てることを、これらの大学院は目標としています。このように、諸君の入学された大阪大学は、その研究と教育の中心を大学院に置き、二十一世紀に、国際的に高い評価を受ける研究型大学院大学として発展することを目指して頑張っています。

今年、二十一世紀の始まる年、大阪大学は創立七十周年を迎えます。大阪大学が今日までどのような発展の道を辿ってきたか、私は今日、創生期の大阪大学を形造り、現在の研究型大学への礎を築いた何人かの著明な先人を紹介してみたいと思います。これが、諸君がこれから研究者としての人生を歩んでいく上において、何らかの参考になればと思います。

一九三一年、大阪大学が我が国第六番目の帝国大学として創立された時の初代総長は、第一号の文化勲章受章者にもなった有名な物理学者長岡半太郎博士でした。彼は一九〇三年に「土星型原子模型」を発表していますが、この研究成果を、当時としては珍しく、日本より先に、最も権威あるといわれたイギリスとドイツの雑誌に発表しています。現在なら当り前のことですが、当時では異例のことといわれています。彼がしきりに論じたのは、日本の学問、科学の自立の問題でありました。当時の日本においては、〃マナブ〃ことは〃マネル〃ことと考えられていたように思います。それが現在までも日本の学問領域に根強く続いている、少し遅れて欧米の流行の後を追うという風潮として、今でも多くの分野でみられるように思います。バイオだ、ITだ、ナノテクノロジーだと、学問分野を決めて行う、政府の研究費の出し方、推進の仕方にも、そういう傾向がないとは決していえないでしょう。長岡博士は、西洋文明や欧米人を無批判に礼讃する人たちを「臆病者」と言って軽蔑していたといわれています。他人が成した後を追って外国から学問を輸入し、これを日本人の間に宣伝普及するのは本意でなく、必ず研究者の群に入って学問の一端を触発するのでなくては男子に生れた甲斐がない、というのが彼の考えでした。

当然、彼が思い悩んだことは、果たして東洋人に自然科学研究能力があるのか、それとも西欧人に委さなければならないのだろうかということでありました。そこで彼は、大学を一年休学し、中国における科学に関する事項を調べます。その過程で彼は、中国の古典「春秋」に日食月食、流星等について正確な記載があること、「史記」や「荘子」の中にオーロラや太陽黒点の観測も記載されていることを見出し、「東洋人は昔は十分研究成果を上げている。ただ、年代を追って発展していない欠点がある。それ故、もし系統的に研究を進めれば、必ずしも欧米人の尻馬に乗る不体裁なことはしなくてもよい」という確信をもつようになり、物理学を専攻するようになったといわれています。このような背景を知ることにより、彼が西洋文明に対して何らコンプレックスをもたず、堂々と我が道を前進したこと、彼が残した「糟粕を嘗むる勿れ」（人マネはスルナ、常に独創的であれ）という言葉もよく理解されるだろうと思います。

長岡半太郎博士は大阪大学理学部の創設に大きな夢を託し、教授の人選に特に意を用いたといわれています。彼に招かれ、初代理学部長として、そして第三代の総長として、そして初代の産業科学研究所所長として阪大の発展に貢献したのは、真島利行博士であり、物理学科を創設し、第四代総長をつとめたのは、八木秀次博士でありました。真島利行は有機化学の研究を志していましたが、その当時、日本にはまだ、この分野には先生はいなかったといわれています。当時ドイツはこの分野で隆盛を極めていましたが、彼もまた、欧米人と競っても彼等に先んじられることのない、東洋特産の天然有機化合物の研究でなければならないと考え、日本の漆の化学的研究を始めることになりました。その後、この研究は大きく発展し、日本に有機化学を定着させ、天然物有機化学研究の土壌を作り上げることにつながったといわれています。

その真島利行博士との出会いによって、研究者としての一生に大きな影響を受けたのが、後の第七代大阪大学総長になる赤堀四郎博士でありました。赤堀博士が好んで書かれた色紙の言葉に「雪、梅花を埋むるも香を埋むる能わず」というのがあります。〃雪の降り積もった野に立って香りを頼りに花を探す人の心になってみると、それは、わずかな現象の片鱗を辿って未知の真理を尋ねる科学者の心に通じるものがある〃と解釈されます。先生自身は〃自分で誠意をもって一生懸命やったつもりでも、他人がその努力を認めてくれないという場合がしばしばあるが、そんな時にこの言葉を思い出すと、心の中に頭をもたげてくる不平不満を吹き払ってくれる〃と述べておられます。赤堀先生が師の真島博士から与えられた研究テーマは、「醤油の香気成分の研究」でありました。この研究がアミノ酸の研究から酵素蛋白質の研究へと大きく進展し、赤堀先生は、我が国の蛋白質研究の創始者となり、その成果が本学蛋白質研究所の創設へとつながっていくことになりました。二十世紀最後の年、ヒトのＤＮＡ三十億個の配列が大部分解読されました。ＤＮＡの情報は蛋白質の情報へと変換されてはじめて意味をもつに至ります。その意味において、二十一世紀生命科学の中心は、蛋白質の研究へと移っていくと思われます。四十年近く前に、その重要性を見抜き、大阪大学に蛋白質研究所を設立された赤堀四郎博士の先見の明に、我々は今更ながらに敬服する思いがします。

電子情報技術、いわゆるＩＴ革命により、世界で今、第二の産業革命がおきつつあります。時代を遡ること八十年、すでにこの分野の重要性を見抜いていた研究者がいました。長岡博士により創設期の大阪大学にリクルートされ、物理学科の創設に関わり、第四代大阪大学総長となった八木秀次博士です。産業界、学界とも、弱電と呼ばれた電気通信を軽視し、強電工学が主流であった時代に、世界の学問の潮流が弱電方向に向かっていることを、いち早く見抜いていたといわれています。日本中どこに行っても、屋根の上に見えるテレビアンテナ、八木博士が一九二五年に発明した、いわゆる八木アンテナと呼ばれるこのアンテナは、日本ではその重要性は当時理解されず、重要性なしとして特許も認められなかったといいます。それが戦時中、欧米で最初にその重要性が認識され、事実、レーダーやテレビへの応用が着々と進んでいたといわれます。ここにもまた、我々は、模倣を排し、独創的な研究を統率した偉大な先人を見ることができます。

大阪大学七十年の歴史の中に、我々は、数えきれないほど多くの、優れた独創的な研究成果を上げた先人達を見出すことができます。これは我々にとっての大いなる誇りであり、励ましでもあります。ここではほんの数人の先達の例を取り上げてみました。ここに共通することは〝ヒトのマネはしないこと、欧米の流行に追随しないこと〟であろうと思います。

江戸時代の懐徳堂、適塾以来、政治の中心から離れて存在したが故に自由であり、常に新しい文化を、そして創造的な研究成果を生み出してきた大阪大学は、新しい世紀に入って、益々速度を増して発展していくであろうと思います。大学の活力は、毎年新入生を迎え入れることのできるところにあります。〝川の水は流れ続けるかぎり腐らない〟大阪大学は諸君を迎え入れて一段と活性化されていくことと思います。諸君の将来の大成を祈って私の大学院入学式の告辞といたします。おめでとうございました。

平成十三年度卒業式式辞

九・一一同時多発テロから考えたこと

卒業生諸君、本学における四年あるいは六年の課程を終え、無事、卒業の日を迎えられたことを心よりお祝いいたします。

私が大阪大学総長として入学式において最初に迎えた新入生が、諸君でした。したがって私にとっても幾ばくかの感慨があります。この四年間の大阪大学における学生生活は、諸君にとって充実したものであったでしょうか。諸君の人生の方向性を決めるような大きな影響力を、大阪大学は諸君に与えることができたでしょうか。入学の時に「世界六十億人の人に魅力を感じさせることができるような人になれ」と言いました。〝幅広い教養をもちつつ、しかも専門に強い〟という方向に向かって、一歩を踏み出すことができたでしょうか。

さて、諸君が中心になって活躍する二十一世紀、昨年は、その始まりの年でした。大阪大学にとっては創立七十周年を迎えるという記念すべき年でもありました。しかし、二十一世紀に我々は果たしてバラ色の未来を期待することができるのか、大きな疑問を抱かざるを得ない始まりになりました。

昨年九月十一日、同時多発テロによってニューヨークの、というより世界の資本主義経済のシンボルであった世界貿易センタービルが、あっという間に崩壊し、数千の全く無実の人の命が無差別に奪い取られました。十年前、ソ連が崩壊し、東西冷戦に終止符が打たれて以来、アメリカは世界で唯一つの、あらゆる面でライバルのいない超大国になりました。建国以来のアメリカの基本原則である、自由競争、市場原理がグローバル化の波に乗って世界中に広がりました。その結果、六十億人の住む地球を百人の村とすれば、全ての富のうちの半分以上をたった六人の人が独占し、その全てがアメリカ人である、という結果を生み出しました。アメリカに対して敵意をもつ人が何億人いたとしても、それは仕方のないことかもしれません。しかし、その解決を無差別テロに訴えることは言語道断であり、決して許すことができないということは、六十億人の誰もが同意することだと思います。

テレビでは、ブッシュ大統領が「これはアメリカに対する戦争である」と宣言しました。「あらゆる国家は、いまや決断を迫られている。我々と共にあるか、それともテロリストと共にあるか」と決めつけました。アメリカ国民の九十％以上、ほとんど全員がこれを支持し、国中に星条旗があふれました。しかし、私はこの状態に何かしら違和感と、そして言い知れぬ恐ろしさのようなものを感じるのです。暴力は暴力の連鎖しか生まない。報復すれば更に凶悪なテロの被害が、アメリカだけでなく世界中の人間に及ぶことになりはしないでしょうか。狼は決して狼を殺さない、殺傷力の強い動物ほど同じ種に対する攻撃を抑えるといいます。二十世紀、核兵器を作り出し、巨大な破壊力を持ってしまった人類は、決してパンドラの箱を開けてはならないと思います。本当の勇気とは、報復することではなく、暴力の連鎖を断ち切る努力をするということではないでしょうか。最も大事なこと、我々が人間として最も重要視しなければならないこと、それは「人を殺さない」「生き物を殺さない」ということです。地球が誕生して四十億年、生物がこの地球上に出現して三十五億年、気の遠くなるような年月、生物はDNAを繋ぎ続けて、人間にまで進化してきました。我々の祖先である新人類がこの地球上に姿を現わしたのは、まだほんの数万年前です。長い生物の歴史から考えれば、ほんの少し前ということになります。更に我々一人一人の人生、例え百年生きたとしても、地球上の生命の歴史から比べると一瞬にしかすぎません。巨大な破壊力をもった兵器によって、これからわずか百年、二百年の間に、この地球上の生物の長い長い歴史を壊してしまうようなことがあってはならないのです。

「猿の惑星」という映画があります。何千年もさまよった長い宇宙旅行の末、主人公が辿り着いた惑星は、猿が支配する世界でした。そこでは人間は野蛮な動物として隔離されていました。なんとか地球へ戻りたいと思っていた主人公が海岸を歩いているとき、そこにうち捨てられた自由の女神を見出します。この惑星は、何千年先の地球であったという物語です。人は猿よりも少し知恵を得たがために、お互いに殺し合う大量殺人兵器を作り出すことに成功しました。「猿の惑星」が決してSFとはいえない時代に、今、我々は入ろうとしています。我々全てが心しなければならないこと、それは三十五億年かけて繋いできたDNAの連鎖を決して断ち切ってはならないということです。

闘うということ、闘争するということが、どのような結果を生むことにつながるのかということを、生物を例にとって少し述べてみたいと思います。

人の染色体は二十三対四十六本あります。二十二対は父親と母親由来の相同染色体が対をなしています。しかし、性染色体は違います。性染色体は女性はXX、男性では母親由来のX父親由来のYより構成されます。したがって、平均するとX三本に対して、Yは一本しか存在しないということになります。長い歴史を考えますと、Xが自分とは違うYと共存する時間は、YがXと共存する時間の三分の一ということになります。したがって、XがYを排除しようと闘いを挑む可能性の方が高くなります。Xの攻撃から逃れるために、Yは男性化に必要な遺伝子を含めて最小限の遺伝子しかもたなくなって生き残ってきたと考えられます。それでも、アクレア・エンセドンという蝶では、X染色体上に現れたある遺伝子がY染色体をもった精子だけを殺す作用をもつ毒を作り出します。その結果、子供の数は変わらないが、子供は全て必然的にメスとなります。そして、そのメスはまたX染色体上に全く同じ遺伝子をもっています。したがってYをもった精子を殺す。その繰返しの結果、極端にオスの数が減って、種の保存ができなくなり、その種は最終的には消滅する運命となるという例です。一つの個体内部におけるXとYの闘争が、結果的には勝利者であるXも含めて、その生物種全部を消し去るということになります。

もう一つの例を挙げましょう。精子と卵子が受精する際、精子が卵子の表面の糖蛋白質に穴を開けて内部に入り込みます。精子のもつ、糖蛋白質を溶解する酵素の遺伝子と、卵子の糖蛋白質を規定する遺伝子は、進化の過程で急速に変化するということが知られています。なぜでしょうか。糖蛋白質を容易に通り抜けることができることは、精子にとっては有利となりますが、卵子にとっては不利となります。なぜなら、他の寄生体や、もう一つの精子が入り込むのが容易になるからです。したがって、卵子の表面糖蛋白質は、変化して精子の酵素に溶かされにくくなります。一方、精子の酵素は更に変化して、受精するために強い力をもって卵子の糖蛋白質を打ち破るようになります。このようにして、酵素と糖蛋白質の間で激しい軍拡競争が繰り広げられ、両者の遺伝子は急速に変化します。如何に攻撃力を強めても、必ずそれをすり抜け、反撃するものが現れてくる。報復によってテロを撲滅することはできないのではないかということを、この例は教えているのではないでしょうか。

形を変えて生き残る例は、他にもあります。ＳＲＹというのはY染色体上にあり、男性になることを指令する重要な遺伝子です。この遺伝子が発現すれば、次々と連鎖的に男性化に必要な遺伝子が活性化されます。ヒトとチンパンジーの遺伝子配列の差は全体ではたった一％です。言い換えれば、我々は九十九％チンパンジーである、あるいはチンパンジーは九十九％ヒトであるともいえます。しかし、このＳＲＹという遺伝子に限ってはチンパンジーとヒトとでは十％以上の差があります。これは何を意味するのでしょうか。長い進化の歴史の過程でＳＲＹの作る蛋白質を認識して、これを攻撃する遺伝子がX染色体上に現れることがあります。すると、ＳＲＹはこれに感知されにくい遺伝子に変化し、それが急速に種内に広がることとなります。チンパンジーから人へと分岐する何百万年の過程のどこかで、このような現象が起こったことを、この結果は示しているといわれています。この例も、決して闘争によって相手側を消滅させてしまうことはできない、必ず形を変えて生き残る。もし、絶滅させようとすれば先ほどの蝶の例にあるように、どちらの側も全部が消滅してしまうことにつながるということを、我々に教えてくれているように思います。

〝世界がもし百人の村だったら〟という本がベストセラーになっています。「いろいろな人がいるこの村では、あなたと違う人を理解すること、相手をあるがままに受け入れること、そして何より、いろいろな人がいるということを知ること、認めることが大切です」と書かれています。百人のうち、大学の教育を受けているのはたった一人です。コンピューターを持っているのは二人です。そして、文字の読めない人が十四人もいます。六十億人の人全てが違うということ、DNA三十億個の文字配列が同じ人は一人もいないということ、生まれ育った環境も、考え方も全く違うということ、その事実を我々全てが知り、認め、そして如何に理解し合えるかを考え、実際に実践すること、それが真の意味でのグローバリゼーションであろうと思います。先ほどの例にもあるように、戦争は決してテロを根絶やしにできないでしょうし、国家間や民族間の憎しみ、敵意を消し去ることはできない、いや更にそれを増幅することにさえつながるだろうと思います。諸君一人一人が広い世界を知ることだと思います。世界六十億人に魅力を感じさせうる人が多く出てくることです。

その意味でアフガン復興支援会議には多くの人が感銘を受けました。日本がこれほど重要な国際会議で、これほど大きな役割を果たし、日本の存在を世界にアピールできたことが、かってあったでしょうか。それはただ一人、緒方貞子氏が存在したということに尽きると思います。単なる理想論を述べるのではない、単なるパフォーマンスではない。アフリカ、ユーゴ、中東の紛争地で実際に難民の救助に当たったということ、タリバンの若い兵士の一人さえ、「うちのおばあちゃんのような温かさと知恵を感じる。穏やかな口ぶりだが、芯は強い人のようだ」と述べたと新聞に書かれています。このような現場至上主義が国際的に大きな信頼を勝ち得ているのだと思います。この現場至上主義こそ、あらゆる分野で我々が学ぶべきことだろうと思います。

アフガン復興会議のもう一人の主役、それはいうまでもなく、アフガニスタン暫定政権の議長、カルザイ氏であったと思います。緑色の民族衣装をまとって「我々は今朝、良いホテルで温かい朝食を摂った。だが思い出してほしい。我が国には何もない。子供を学校にも通わせられずにいる」と、声を詰まらせて語っていた、その態度、風貌からは、ほのぼのとした教養あふれる人柄がにじみ出ているように感じられたと思います。ここにも、文字どおり世界の六十億人に魅力を感じさせられる人が、六十億人に感動を呼び起こす人がいました。緒方貞子氏とカルザイ氏、この二人が存在しなかったら、四十五億ドルの復興資金は集まらなかったでしょう。外交も結局は人だと思います。パワーは数字の大きさや組織の強さだけではない、それは畢竟、個々人の力量と器量であり、人材の厚みであろうと思います。

日本は今、あらゆる分野に元気がありません。学問、芸術、スポーツ、政治・経済、どの分野でもよい、国際社会で人々に感動を与えることができる日本人が増えてきたら、それだけ日本の価値は飛躍的に高まるだろう、日本が世界の平和にリーダーとしての役割を果たすことができるだろうと思います。それは何百億、何千億円のODAに匹敵する価値をもつでしょう。

大阪大学を本日卒業される二七三三名の諸君の中からそのような人が輩出することを期待して私の式辞といたします。

（式辞の一部に、マット・リドレー『ゲノムが語る23の物語』紀伊國屋書店、二〇〇〇年、を引用しました）

平成十三年度大学院学位記授与式式辞

狂牛病を通して見た科学と世界

本日大阪大学の修士の学位を受けられた一九〇四名、博士の学位を受けられた六二六名の諸君に、まずお祝いを申し上げます。

新しい世紀に入って二年目を迎えました。しかし、日本はあらゆる分野で元気がありません。経済の分野では〝日本売り〟が始まっているようにさえ思えます。しかし、少ないながらも我々を喜ばせ、元気づけてくれることもあります。日本の研究者は二年連続でノーベル化学賞を受賞しました。小澤征爾はウィーンでニューイヤーコンサートを指揮しました。緒方貞子はアフガン復興会議を成功させ、日本の存在感を示しました。イチローは大リーグのＭＶＰになりました。これらの例に示されるように、世界で高い評価を受ける、突出した人々が出てくることが、日本の存在感を、そして日本の世界での評価を高めることにつながり、ひいては日本の経済にも良い効果をもたらすことにつながります。

しかし、問題はその数が圧倒的に少ないということです。日本人一億二千万、アメリカ人二億五千万、日本はアメリカの半分の人口をもちながら、学問、文化、芸術、政治、経済、あらゆる分野で世界をリードする、世界で評価を受ける人があまりにも少ないということは、何に起因するのでしょうか。

明治以来、学ぶということは、真似るということとでした。如何に素早く西欧の科学、技術を取り入れ、それをうまく物づくりにつなげていくかということが重要視されました。そのような社会にあっては、大学における創造的研究、そして創造的研究を通じての高度な人材の育成ということは、あまり重要視されませんでした。高度に組織化された集団の一員として、規格化された物づくりに従順に取り組む人が求められました。個性的で創造的な人間は変人として、あるいはクセがあるとして排除されました。したがって、有名大学の学部卒業生、せいぜい修士修了者が重宝され、そのような人達が、企業あるいは官庁において終身雇用の環境下でそれぞれの職場に合ったカラーに育て上げられました。高度成長期の日本においては、そのようなしくみが成功しました。一見成功したように見えました。日本製の自動車やエレクトロニクス、半導体、コンピューターが世界の市場を席巻しました。しかし、今そのようなものはどこででも作れるようになりました。今や、中国、アジアの製品が日本にまであふれるようになりました。そして、人々は気付き始めました。大学における創造的でユニークな研究の重要性に。そしてそのような研究を通じて育て上げられた創造的な人材の重要性に。

それが今、産学共同、産学連携、大学は日本の産業、日本の経済の活性化に役立つ研究を、という大合唱になってきているのだと思います。しかし、ここでもまた我々は考えなければなりません。短期的な観点から見た役立つ研究は、決して真の意味での役立つ研究にはならないということです。今、政府はナノテクノロジーやバイオ、情報科学の研究を重点政策として大きな研究費を投入しています。これらの分野も重要であること、それはいうまでもありません。しかし、科学研究の現場から離れた人が、お題目のように唱えるこのようなテーマは、すでに流行も終わりにさしかかっているといえるかもしれません。〝学ぶことは真似ること〟として西欧の流行をいち早く取り入れた、かつての日本の誤りを、もう一度繰返してはならないであろうと思います。そういう意味で、大阪大学の大学院において創造的な学問研究を通じて教育を受けた、本日卒業される諸君の役割は、二十一世紀日本の発展にとって非常に大きなものがあろうと思います。今日この機会に、私は創造的な科学研究がどれほど難解な謎を解き明かしたか、しかし、せっかくの創造的研究の成果を理解し、充分に活用しようとしなかったとき、どのような危険性を人類社会に与えるかといった問題について、私の専門である生命科学を例にとって話してみたいと思います。

昨年秋以来の二大ニュースといえば、それは同時多発テロと狂牛病であろうと思います。乳牛に乳を多く出させようという、人間の経済効率重視の考えが、草食動物である牛に肉骨粉を与えるという、自然の摂理に反する行動に走らせ、それが狂牛病を生み出しました。しかし、何十年にも亘(わた)る、ノーベル賞を二つも出した一連の創造的科学研究は、どうして狂牛病が発生するのか、どうすれば感染を検出できるのか、どうすれば防げるのかといった問題を、全て明らかにしてきました。もし、今もこのメカニズムがわかっていなかったとしたら、人々を恐怖に陥れていたでしょう。そして、この一連の研究は、謎に挑戦する科学の面白さを我々に示してくれます。

スクレイピーという羊の病気があります。人はDNAを知る以前から経験的に植物や家畜の品種改良をしてきました。イギリスでは十八世紀、羊を何代もかけあわせて、毛の長い、太った、成長の速い羊の品種改良に成功してきました。しかし、ここに思いもかけぬ副作用がありました。年をとって、よろけ、精神障害を示す羊が多く出現するようになりました。この不治の病はスクレイピーと名付けられました。一九三〇年代、家畜の伝染病予防のためのワクチン製造に羊の脳が使われ、その脳組織がごく一部ワクチンに混入し、ホルマリンで完全に処理したにもかかわらず、スクレイピーが流行するという事件が起こりました。スクレイピーは伝染性のある遺伝病か、もしそうなら感染性の粒子がどうして生殖細胞を通じて伝わるのか、これは生物学の原則ではとうてい説明できないことになります。そのころ、パプアニューギニアの原住民にはクールーという病気が知られていました。スクレイピーと同じような症状を呈し、脳はスクレイピーの羊と同じ海綿状の変性を示すということがわかりました。彼等には宗教的儀式として死体の脳を食べるという風習がありました。この病気の死者の脳をチンパンジーに注射すると、チンパンジーに全く同じ病気が発症しました。ここにも伝染性が確認されたことになります。同じような症状を示す病気は、二十世紀に入ってクロイツフェルト・ヤコブ病としても報告されています。恐ろしいことは、この患者の脳手術に使った器具を完全滅菌して用いた、他の脳手術の患者が、この病気に罹ったという事実であります。この他にも、死体の脳下垂体を集めて作られたヒト成長ホルモンを投与された人の中、百人近くが、この病気で命を奪われたということも報告されています。脳手術の時、治療に用いた、乾燥脳硬膜が原因でクロイツフェルト・ヤコブ病が発症したという例は、最近我が国でも問題になっており、御存知の方も多いと思われます。これらの事実から一九八〇年頃までに明らかになったこと、それは、ヒツジ、ミンク、サル、マウス、ヒト、いずれでも、既知の病原体で汚染された脳から同種の病気が伝染する、病原体は通常の滅菌処理で死なず電子顕微鏡でも見えない、しかもDNAもRNAももっていないということです。しかも羊のスクレイピーもヒトのクロイツフェルト・ヤコブ病も遺伝するということです。

「DNAのない生物が、遺伝を介して伝染する病気をもたらす」生物学の原則からは全く説明のつかないこの現象を、どう説明するか、謎に挑戦するワクワクするような物語であります。科学が解明した結論を先に言いますと、原因は、どの動物にも存在するPRPという遺伝子が作る、プリオンという蛋白質です。このプリオンが変性すると、ベトベトした性状になり、これが脳に沈着し、脳を海綿状に変性させます。スクレイピーやクロイツフェルト・ヤコブ病では、このPRP遺伝子に変異があり、変性蛋白を作りやすいということのために病気が起こると考えられます。この蛋白プリオンのもう一つの特徴は、一つの変性した蛋白プリオンは、隣の正常なプリオンを変性プリオンに変える、この連鎖反応が倍々の速度で変性プリオンを増殖させ、病気を起こしてくるということです。プリオンを作る遺伝子PRPを欠損させたマウスを作ると、いかに病気の脳を注射しても病気を起こさないという実験は、このメカニズムを見事に証明しています。このようにして「DNAのない生物がどうして伝染し、また遺伝するか」という謎は解明されました。DNAを使わない、いやデジタル情報さえ使わない自己複製手段があるという、今まで誰もが考えなかった、それ故非常に科学者を興奮させた病気の謎は、このようにして解かれました。

しかし一方では、経済効率のみを追い求めた人間の行動、そしてそれをうまくコントロールできなかった行政の不備は、狂牛病騒動を引き起こし、また一方では医原病として多くのクロイツフェルト・ヤコブ病患者を生み出すことにつながってきました。多分、一九七〇年代のあるとき、イギリスでスクレイピー型プリオンにおかされた、感染力のある羊が、一頭、肉骨粉の中に紛れ込んだのが、ことの発端であろうと思われます。乳牛の中に入った変性プリオンが次々と正常プリオンを変性プリオンに変え、それがまた牛の飼料として使われ、変性プリオンはどんどんと自己増殖をしました。丁度、原子核が分裂して二個の中性子を放出し、それがまた別の原子核の分裂を引き起こし、中性子を生みだすという、あの広島で起こった連鎖反応が、あのような速さではないにしろ、着実に牛の食物連鎖の中で自己増殖していったと考えられます。この病気の潜伏期間は長く、感染した牛が発症するまで、平均五年はかかります。一九八六年、イギリスで六頭の牛が狂牛病と診断されましたが、その時、すでに五万頭が感染していたといわれています。しかし誰もそれに気付いてはいませんでした。しかし、イギリス政府の反応は早く、最初の病気が報告されてから一年以内に、国の研究機関は見事な手腕で飼料の汚染に原因があることをつきとめました。そして一九八八年には反芻動物から作った飼料の使用を禁止する法律が制定されました。一年後には、乳牛の脳をヒトの食物連鎖から排除する法律も施行されました。これらの素早い取り組みにより、一九九二年以降に生まれた牛は、ほとんど狂牛病に罹っておらず、もちろん人々の牛肉に対する過剰な反応は、その後にピークを迎えますが、英国ではこの問題は根本的には、ほぼこの時点で解決されたと考えられます。

狂牛病がどうして起こるか、プリオンの発見からその病気発症のメカニズムの解明まで、創造的科学研究が如何に大きな役割を果たすかということが、この一連の研究の流れを見ていると、よく分ります。しかし、問題はそのような成果がうまく活かされないところにあります。イギリスでは、すでに一九八〇年代後半からの取り組みにより、一九九二年以降、問題はほぼ解決に向かっているにもかかわらず、日本では一九九六年の段階に至っても、いまだに肉骨粉飼料の輸入禁止や使用禁止の法律的処置がなされていなかったということです。Nature誌は日本政府のこの取り組みの遅れを、官僚の天下りを含めて業と官との構造に問題があるとも指摘しています。

狂牛病を通して科学の謎解きの面白さ、そしてそれが如何に大きく人間社会に貢献するかを述べてきました。二十世紀、科学技術は急速な成長をみせました。このスピードは益々速くなります。しかし、科学分野の専門化と共に、科学者の多くは、科学が社会に対して果たすべき役割や科学者としての責任を自覚することのないまま、研究競争に巻き込まれているのも事実です。閉鎖的な世界の中で研究に没頭し、社会が科学に求めているものが何であるかが見えにくくなっているようにも思えます。狂牛病を例に話しましたが、科学技術の成果は社会に大きな影響を与えます。創造的科学は見事に狂牛病の神秘を解き明かしました。しかし、それと共に個々の科学者それぞれが、専門家として外部社会とのつながりをもち、外部社会に働きかけていくことも必要だと思います。私の専門である医学の分野でも、遺伝子で病気を診断する、遺伝子を改変して病気を治す、自分の細胞から臓器を作って移植する等々、多くの不可能を可能にしようとしています。〝乳牛にたくさん乳を出させたい〟から始まり、経済成長を追い求める、更によりよい〝生〟を求める人間の欲望は尽きるところがありません。創造的研究と人間の守るべき行為の基準、一人一人がこういう問題を常に考えながら、それぞれの専門分野で世界をリードする成果を挙げられることを期待して私の式辞といたします。

平成十四年度入学式告辞

夢を未来に描いて必死に学ぶ

新入生諸君、大阪大学への入学おめでとう。中学、高校と永年の勉学の甲斐あって、無事難関を突破し、大阪大学へ入学されたことを心よりお祝いします。御家族の皆様方にもお喜びお祝い申し上げたいと思います。

最近、学生の学力低下が議論されています。分数の計算ができない大学生がいるということが話題にもなっています。本日大阪大学へ入学された諸君には、もちろんこのようなことはあてはまらないであろうと思います。入試センター試験の数学で百点満点の人は阪大の入学者にはたくさんいます。英語は私自身でやってみても、全部完全に解答するのに一時間近くはかかります。これを二時間足らずで九割正解する人は、やはりたいしたものだと思います。しかし、統計学的にみて、日本の中学、高校、そして大学生の学力が低下してきているのも、また、事実のように思います。平成七年度と十三年度の高校三年生の学力について、同じ問題を用いて約四千人規模で比較調査された結果、主要五教科のうち英語を除く全ての教科で、この五年間に成績が下がっている、とりわけ文系受験者の数学の正解率が大きく下落しているという結果が、ある予備校の調査で報告されています。九十年代、私立大学を中心として各大学は、受験生獲得のためこぞって試験科目を削減しました。二教科、あるいは一教科入試さえ珍しくなくなりました。有名私立高校は進学校と呼ばれます。神学を学ぶ学校ではありません。大学へ進むことを準備する、目標とする学校です。呼び方からそうなっているということは、高校の教育の目標が、大学に入ることを主としているということを表しています。したがって、大学の入試科目に数学がなければ、数学を学ばないということが起こり得ます。国公立大でも、アラカルト方式で少数科目入試が推進され、その結果、数学を勉強しないで経済学部に入る学生も、増えるようになりました。

詰め込み教育の弊害が叫ばれ、問題発見能力、独創性をもった人材を育てる、あるいは生きる力を養うという名のもとに、ゆとり教育が推奨されてきました。この四月から完全週休五日制が小中学校でも実施され、教える内容は三割削られるといいます。学校だけではありません。一九九三年から日本の労働時間は米国を下回り始めました。祝祭日の数は世界一ではないでしょうか。ハッピーマンデーという法律が施行され、今年は土日月のつながる三連休が九回もあります。大学では月曜日の年間授業回数が減って必要な単位を獲得できないといった問題が出てきたとも聞きます。働き過ぎ批判と、レジャー関連の消費拡大を見込んだ休日乱造が、果たして正解だったか、ということになると思います。日本の発展、経済の成長だけをとってみても、果たしてハッピーマンデーは貢献しているといえるでしょうか。そのような影響も受けて、この四月から中学三年生の数学と理科の年間授業時間は一五四時間、これはアメリカの二九五時間の約半分ということになります。ゆとり教育が果たして生きる力、創造性ある人材の育成につながるでしょうか。コンピューターでも、データを入力しなければ機能しません。創造性は決して無から有を生み出すものではありません。どれだけ知識を入れたか、それが多ければ多いほど、その組み合わせによって新しい独創性が生まれてくるのです。勉強でも、どんな道でも死ぬほど頑張ってはじめて生きる力が生まれてくるのではないでしょうか。

大阪大学の前身、適塾の出身者、福沢諭吉の『福翁自伝』の中に次のような一節があります。

　病気になって枕を捜したがみつからない。不図(ふと)思い付いた。ついぞ枕をしたことがない、というのは、時は何時でも構わぬ、ほとんど昼夜の区別はない、日が暮れたからといって寝ようとも思わず、頻りに書を読んでいる。読書に草臥(くたび)れ眠くなって来れば、机の上に突っ伏して眠るか、あるいは床の間の床側を枕にして眠るか、ついぞ本当に蒲団を敷いて夜具を掛けて枕をして寝るなどということは、ただの一度もしたことがない。その時に初めて自分で気が付いて『なるほど枕はない筈だ、これまで枕をして寝たことがなかったから』と。これで大抵趣きがわかりましょう。これは私一人が別段に勉強生でも何でもない、(緒方塾の)同窓生は大砥みなそんなもので、およそ勉強ということについては、実にこの上に為(し)ようはないというほどに勉強していました。

この『福翁自伝』からは、自分達が勉強しないと日本はどうなるかという塾生達の熱情が伝わってくるようです。このような環境があって、適塾から福沢諭吉をはじめとして、明治維新という日本の大転回の原動力となった、大村益次郎、橋本左内、大鳥圭介、長与専斎等々の人々が輩出したのであろうと思います。

福沢諭吉の著書『学問のすすめ』の中に、有名な「天は人の上に人を造らず人の下に人を造らずと言えり」という言葉があります。聞違ってならないのは、これは決して人が皆平等であり、同じであると言っているのではないということです。続いて彼は「広くこの人間世界を見渡すに、かしこき人あり、おろかなる人あり、貧しきもあり、富めるもあり、貴人もあり、下人もありて、その有様雲と泥との相違あるに似たるは何ぞや。その次第甚だ明らかなり。『実語教』に、「人学ばざれば智なし、智なき者は愚人なり」とあり。されば賢人と愚人との別は、学ぶと学ばざるとに由って出来るものなり」と述べています。封建時代のように門閥によって人は区別されてはならない。機会は全ての人に平等に与えられるべきである。しかし、よく学んだ人とそうでない人は当然差が出るものである、結果は平等であってはならない、あるはずがないということであろうと思います。更に進んで彼は「国にも貧富強弱があり、貧富強弱の有様は、天然の約束に非ず、人の勉と不勉とに由って移り変るべきものにて、今日の愚人も明日は智者となるべく、昔年の富強も今世の貧弱となるべし」と述べています。

今日本は全ての面で元気がありません。得意とした高度のものづくり、科学技術にさえ翳りがみえます。今や教育レベルはアジアでも最低水準になりつつあるという意見さえあります。教育と人材育成、これが今ほど求められている時はないでしょう。今から二十年前、アメリカの国民は不安におののいていました。自動車や鉄鋼など、かつてアメリカの根幹を支えた基幹産業の不振は、目を覆うばかりでした。失業者が増加し経済は低迷しました。ちょうど今の日本のような状態でした。一九八一年、大統領に就任したレーガンは、年頭の一般教書で、アメリカの衰退の根幹に教育制度の崩壊があると訴え、「教育の卓越に関する国家委員会」を組織しました。その報告書「危機に立つ国家」の冒頭に次のように書かれています。「我々の国家は危機に瀕している。かつて我が国は通商、産業、科学、技術革新の各分野で優位を誇っていたが、今や世界中の競争相手にその地位を脅かされている。この問題の数ある原因や背景の一つだけを取り上げるが、その一点こそアメリカの繁栄、安全保障、社会基盤を支えるものである。それは教育である」と述べられています。更に続けてこう言います。「歴史は怠け者に厳しい。単に天然資源に恵まれていること、人々が熱気に溢れていること、古い文明社会が抱えている悪弊から隔離されている、というだけの理由で、アメリカの将来が保障されていたというのは、はるか昔のことになっている」「アメリカの各世代は、今、我が国の歴史上ではじめて、親の世代の能力を超越出来ないどころか、比肩出来ない、近づくことさえ出来ないという現象が起ころうとしている」。

それから二十年、今やアメリカは、良くも悪くも世界で唯一つの、あらゆる面での超大国として君臨しています。今日本はちょうど一九八〇年アメリカの危機が叫ばれたと同じ状態にあります。しかも、我々には天然資源はありません。古い文明社会が抱えている悪弊もたくさんあります。更に若い人々が熱気に溢れているでしょうか。これも問題です。ソルトレークオリンピックもその一つの例です。日本の成績は芳しいものではありませんでした。四年前、長野で日本のジャンプ陣はメダルを独占する勢いでした。〝日の丸飛行隊〟とも呼ばれました。それから四年、選手は全て四年前と同じ顔ぶれです。全く若い新しいスターが現れていません。長野の時十六歳で、三十位にも届かなかったスイスの選手が金メダルを獲りました。日本から一人も若い人の台頭はありませんでした。長野のジャンプに刺激され、よし、俺も続くぞとヘドを出すような練習で先輩を越えていくような、熱気溢れる若者が日本にいないということです。今年のオリンピックも多くの人間ドラマを生みました。人を感動させるのは、大きな夢を持ってそれを実現していく人々です。モスクワからパリへ、観光ビザとスーツケース一つを持って、ただただオリンピックの金メダルを目指したフランスのアイスダンスの選手は、目標とした金メダルを獲りました。幼い頃からオリンピックのメダルを夢みた、十六歳のアメリカの若きヒロインは、フィギュアスケートシングルで逆転の金メダルに輝きました。大きな夢を未来に描いて必死に頑張る、その熱気、その迫力が日本の若者に欠けているのではないでしょうか。

日本人が二年連続ノーベル化学賞を受賞しました。野依良治博士は小学生の時、湯川博士のノーベル賞に感激して、研究者の道を選んだということです。この新入生の中に、ノーベル賞に感激し、それを夢みて学問研究の道に進もうと思う人が、どれだけいてくれるでしょうか。今日本は国家存亡の危機の状態になりつつあると思います。それを救うのは、教育における卓越しかないということです。私は、若者に生きる力を与える教育というのは、決してゆとりの教育からは生まれないと思います。真の生きる力は、福沢諭吉がやったように、ひたすら勉強すること、ヘドが出るほど頑張ることだと思います。それが、それぞれの人に自信を与え、情熱を生み出してくるのだろうと思います。

そのような環境を我々は諸君に与えたいと思います。諸君が入学した大阪大学は、昨年、二十一世紀の最初の年、創立七十周年を迎えました。国立七大学、かつての七帝大の中では、名古屋大学の次に新しい大学です。しかし、大阪大学の源流は、一七二四年、大坂町人五人が発起人となり、学者を招いて創設した学校、懐徳堂にまで遡ることができます。拠出した基金の利息で運営するという、現在の財団法人に対応した組織を作ったということでも、この学校は独創的でありました。懐徳堂はその後、幕府公許の学問所となり、最盛期には江戸の昌平黌(こう)を凌ぐ学生数を誇ったといいます。学則に「書生の交は貴賤貧富を論ぜず同輩たるべき事」と書かれています。学問は万人に等しく開かれているというこの考え方は、現在の大阪大学にも引き継がれてきています。それが〝象牙の塔〟ではない開かれた大学としての大阪大学の特徴にもなっているのであろうと思います。

大阪大学のもう一つの源流、それは先にも述べた適塾です。適塾は懐徳堂から約百年後、一八三八年に緒方洪庵によって開かれた蘭学塾で、現在もその建物は北浜に保存されています。その適塾をもとに、一八六九年、仮病院と医学校が創設され、その後幾多の変遷を経て、大阪帝国大学の前身となる大阪医科大学へと発展していくことになります。大阪大学は昨年、創立七十周年を迎えましたが、大阪で正式に西洋医学教育が始まった一八六九年を起点として考えますと、その歴史は一挙に倍の長さになります。そして一九三一年、理学部と医学部の二学部からなる大阪帝国大学は、原子核物理学者で後に文化勲章の第一号受章者になられた長岡半太郎博士を初代の総長に迎えて、そのスタートを切りました。京都に帝国大学があるのに、もう一つ大阪に大学が必要かという中央政府の反対に対し、大阪財界、市民は一丸となって大阪大学創設のための基金を集め、創設のための必要経費、創設後三年間の運営費を地元が負担するという条件のもとに、大阪大学はそのスタートを切りました。附属病院が中之島にあった時代にはまだその建物が残っていた竹尾結核研究所や、湯川秀樹博士が中間子論の研究を完成させた塩見理化学研究所は、全て大阪商人の寄付によって作られたものであり、日本で最初のサイクロトロンも大阪の繊維産業の世界的リーダーの一人であった谷口豊三郎氏の寄付によるものでありました。「商人は儲けないかん。しかし、余裕ができたら公益のためにどーんと寄付せなあかん。人のため世のため、それが商人の生き方や」という考え方が以前の大阪には強くあったように思われます。アメリカでは今もその考え方が強く根づいており、それがアメリカの学問、芸術の支えの中心になっているように思われます。

このようにして懐徳堂以来の歴史を振り返ると、中央政府からやや離れ、しかも経済の中心であったという大阪の人々の自由闊達な精神と活力が、大阪大学の発展に物心共に貢献してきたといえるだろうと思います。

諸君は今、その大阪大学に入ってこられました。七十年前、医・理二学部からスタートした大阪大学は、二年後には工学部が加わり、戦後に文科系学部を発足させ、基礎工学部や人間科学部といった我が国最初のユニークな学部も創設し、現在では、十学部と十を越える研究所や研究センターを有し、今春からは生命機能研究科、情報科学研究科という新しい大学院もスタートします。今や我が国が世界に誇りうる研究型総合大学に発展しました。ここから発信される研究成果は、いろいろな分野で世界の学問の流れに大きなインパクトを与えています。

大阪大学にとって最も重要なこと、それは優秀な若い人材を迎え入れ、これを世界に通じる人に育て上げ、社会に送り出すことです。我々はそういう環境を作ることに努力します。しかし、馬を川に連れて行くことはできても、水を飲むのは諸君自身です。諸君一人一人が諸君の未来に大きな夢を描くことです。そして、その夢に向かって限界を超えた努力をすることです。諸君が人生の終わりに至るまでその夢を持ち続け、努力を続けることができたなら、それは素晴らしい人生であったといえるでしょう。本学における四年、あるいは六年の学生生活、多くの人は更に大学院に進まれるでしょうが、それが諸君の人生に対して大きな影響を与えるものであることを祈って私の告辞といたします。

平成十四年度大学院入学式告辞

創造的研究とは何か―三人の師を通して―

大阪大学大学院博士課程、あるいは修士課程に入学された諸君に、先ず心よりお祝いお喜びを申し上げたいと思います。

我々は本日、午前中に二七一七名の学部新入生を迎え入れ、ここで入学式を行いました。大学院の入学生は、博士、修士を合計すると、二八三七名となり、学部新入生を上回っております。大阪大学は一昨年、十学部全部が、大学院を中心としてその下に学部が附属するという組織に変わりました。名実共に研究型大学院大学になりました。そして、今春には二つの大きな大学院、すなわち生命機能研究科と情報科学研究科がスタートします。これらの大学院には下に学部がありません。したがって大阪大学の他学部はもちろん、日本中の大学卒業生で、国際的に通用する生命科学の研究者になりたい、あるいは情報科学の分野で突出した研究をしたいと思う学生が、ここに集まってくるであろうと期待しています。このような組織改革で何が最も良かったか、それは、大学院入学者に占める他大学卒業者の比率が、大きく増加してきているることだろうと思います。アメリカでは、四年制のカレッジ卒業生がメディカルスクール、ロースクール、あるいはPh. Dコース等の大学院へ進学しますが、その時、同じ大学からは一定比率以上は決して入学させません。したがって、多くの大学の卒業生が混じり合うことになります。他の大学の卒業生と比較されることになります。自然に大学の評価につながります。これが最もよい大学評価だろうと思います。異なったバックグラウンドをもつ人、いろいろ異なった大学で教育を受けてきた人、このような多様な人達が混じり合うことによって、大学はいよいよその活力を増していくことであろうと思います。

日本には九十九の国立大学があります。五百以上の種々の私立大学があります。一般教養教育に力を注ぐカレッジもあるでしょう。専門職業人を育てることを目指す大学もあるでしょう。世界の科学をリードする、突出した研究をすることを目標とする大学もあるでしょう。いろいろな大学があっていい、あるべきだと思います。それぞれの大学は、自分の大学が目標とするところに誇りをもち、その特色、個性を発揮するべきであろうと思います。全ての大学が大学院をもつ必要はないでしょう。逆に、大学院に重点を置く研究型大学が、学部の拡充を図る必要もないでしょう。私は、大学院における教育は、決して教科書を教えることではない、突出した創造的研究を通してのみ行われるものであると思います。世界をリードするような研究の行われていないところに大学院教育はありえないと思います。その点で、大阪大学は、理工系、生命科学系、人文社会科学系、あらゆる分野において我が国の、というより世界の学問の潮流に大きなインパクトを与える、数多くの研究成果を挙げていることを、私は誇りにしています。文部科学省は国際的競争力をもつ大学を育成するという観点から「トップ30大学」を選んで重点的に支援するという考えを出しました。これは、今までの九十九の国立大学は全て同じように守るという護送船団方式の考えに別れを告げる、大きなパラダイムの変換であり、それゆえに大きな反響を呼んでいます。この「トップ30」は大学院の各専攻ごとに突出したものを選ぶというものですが、当然大阪大学はどの分野でも高い評価を受けるだろうと思います。このような場で大学院教育を受けられる諸君は幸せであるし、諸君の努力、頑張りによって、この中から二十一世紀の学問の流れに影響を与えるような研究成果を上げる人が、数多く出てくることを、私は期待しています。

大阪大学は、なぜ、大学院を中心とし、創造的研究を行うことを目的とした研究型総合大学として発展していくことを目指しているのでしょうか。先にも述べましたが、欧米では、メディカルスクール、ロースクールをはじめとして、一流の大学は大学院教育を中心に置いています。日本では、これまで大学院教育、特に博士課程は、医学部等一部の例外を除いて、アカデミズムの後継者の養成を主たる目的としてきました。しかし、欧米は違います。自然科学の研究者のみならず、政治、経済、外交、文化、芸術、ほとんどあらゆる分野において、指導的役割を担う人々はDoctorのdegreeをもっています。二十世紀後半、高度成長時代には、日本は欧米の基礎的研究成果を速やかに導入し、経済的な面で、欧米に追い付き、追い越すことを目標に掲げていました。そのような時代にあっては、組織の中で一つの歯車として機能する、有能な人材が求められました。終身雇用、年功序列の社会では、偏差値でランク付けされた有名大学の卒業生を受け入れ、それぞれの組織の中で、そこに適合して機能する人に育て上げるのが、最も効率的でありました。官庁でも、公務員試験に通れば、Doctor はなくても、キャリアとして通用しました。しかし、二十一世紀、諸君が活躍する日本社会は、確実に変化するであろうし、もうすでに変わりつつあります。それぞれの人が、何ができるか、他の人とどこが違うかが問われるようになります。そういう社会にあっては、リーダーとして活躍する人にとって、大学院で創造的研究に携わり、それを通じて高度の専門教育を受けたという経験をもつことが、必須のこととなるだろうと思われます。そのような観点から、大阪大学は、大学院を中心とした大学へと、その重点を移し、二十一世紀の国際社会で中心的役割を果たす人材を育てることを、目標としています。

さて、大学院の入学式にあたり、大学における創造的研究とは如何なるものか、そこでは何が要求されるか、突出した創造的研究を行うことは如何に厳しいものであるか、それだけに、それは一人の人間がその全人生を懸けて如何に悔いないものであるかといったことを、私の研究上における三人の先生を例に挙げて、語ってみたいと思います。

その一人は、私の生涯の師であり、私を免疫学の道に導き入れ、学問することの面白さを教えていただいた本学の第十一代総長でもあった山村雄一先生です。

山村先生は先の大戦の最中の昭和十六年、本学の医学部を卒業し、すぐに海軍の軍医として南の海を転戦します。戦後、刀根山結核療養所に医師として復帰した先生は、研究の手ほどきを受けるため、理学部の赤堀研究室の門を叩きます。赤堀先生はその後、本学の第七代総長を務め、蛋白質研究所を創設した、世界的な蛋白質化学者です。当時、結核は国民病でした。ストレプトマイシンはまだありませんでした。最も大きな問題は肺に空洞ができることです。それができると結核は治りにくくなります。どうして空洞ができるのか。山村先生は、結核に感染した兎の肺に加熱滅菌した結核の死菌を注入しても、驚くべきことに、立派な空洞ができるということを発見します。すなわち結核空洞は生きた結核菌が肺を食い荒らすために起こるのではなく、結核菌菌体成分に対する生体の免疫反応、すなわちアレルギーが空洞を作るのであるということが分かります。その後、このアレルギーを引き起こす結核菌菌体成分の生化学的研究は、大きな発展をみせます。医者として結核患者を救いたいという情熱と赤堀先生から学んだ化学の研究手法が見事に融合した例だと思います。山村先生が好んで書かれた座右の銘に〝夢みて行い考えて祈る〟という言葉があります。何事もまず夢みることから始まります。医学の道を志す人なら、治らない病気の原因を明らかにできたらと夢みるでしょう。自分の研究成果が多くの研究者に利用され、引用され、教科書に残ったら、と思うでしょう。オリンピック選手なら表彰台の真中に立って国歌を聴き、国旗の上るのを見ることを夢みるでしょう。その夢が、限界を超える努力を可能にします。夢をもつことが全ての行動の原動力になります。しかし、夢だけみていても物事は進みません。次には行ってみることです。〝考える〟より先に〝行う〟があることが大切です。論文を読み過ぎる、机上の勉強をし過ぎると、全てがわかってしまっているように思えて、やる気持ちが失せてきます。まずやってみること、そうすると思いもかけない結果に遭遇することがあります。自然は我々が考えているよりずっと奥深いものです。そこで、出てきた結果についてじっくり考えることです。討論することです。そして最後は、その結果が大きな発見につながっていくかどうか、それはもう神のみぞ知ることです。それが〝夢みて行い考えて祈る〟という意味だと思います。

二人目の師は石坂公成先生です。諸君は、花粉症、アトピー、喘息等に代表されるアレルギーを御存知だろうと思います。石坂先生は、アレルギーを引き起こす抗体、IgE の発見者です。二十世紀初めにアレルギー現象が明らかになってから約七十年間、世界中の医学研究者が追い求め、果たし得なかった原因物質を、先生は一九六七年に発見し、アレルギー発症機構の全貌を明らかにしました。私は、ジョーンズ・ホプキンス大学の教授であった先生の下に、一九七〇年に留学しました。その年の大晦日、ボルティモアは大雪に見舞われました。雪がやんだ元旦の朝、アパートの前に駐めた私の車は、雪で覆われていました。元旦だから別に大学に行くこともないと思っていた私のところに、先生から電話がかかりました。〝君はスコップを持っているか。車を動かすのが大変だろうから行ってあげる〟という電話でした。先生には、元旦も雪も全く関係がなかったのです。それから四年間、私には日曜も祝日も正月もありませんでした。先生は、学会でボルティモアを留守にする時以外は、実験室を離れられませんでした。その生活が、七十歳で引退されるまで続きました。老眼鏡をかけてピペットを扱う先生の姿が印象的でした。それが、七十年間世界の誰もが為し得なかった、医学上の大発見につながったのだと思います。

日本では、教授になり、少し有名になりかけると、学内や学外の多くの委員会、審議会、講演会等々に引っ張り出され、あるいは自分から喜んで出かけ、大きな成果を挙げる前に消耗していく例が大半であるといっても、過言ではないかもしれません。現場で頑張り通すこと、段々と急峻になってくる坂道を、頂上に向かって登り続けること、それはきついことであり、人は、ややもすれば安易に流れたくなるものです。私が先生から学んだこと、それは〝継続は力なり〟〝継続が創造を生む〟ということです。日本人に欠けているもの、それは創造性ではなく、この継続性ではないでしょうか。

三人目の先生、それはロバート・グッドです。一九六八年、初めて骨髄移植に成功し、重症複合免疫不全症の子供の命を救いました。現在、骨髄移植は、白血病の治療法として、毎日毎日、世界中でどれほど多くの人の命を救っていることでしょうか。私は、先生が世界最大の癌センターである、ニューヨークのスローン・ケタリング癌研究所の総長の時に出会い、一九七〇年代後半から一九八〇年初めにかけ、毎夏、先生の家に寝泊りし、スローンの客員研究員として、研究に従事しました。世界最大の癌研究所の管理運営と共に、免疫学者として世界のトップを走る先生の毎日は、朝四時からの研究仲間との discussion から始まります。ほとんど毎日のように、少しでも時間が空けば研究室を回り、“What's New Today?” と、新しい成果の催促をします。驚くほど皆の研究の進展を熟知しています。ここでも私は、研究現場を重んじる〝科学の巨人〟の姿を見ました。それと共に、私がグッドから学んだこと、それは、大学や研究所が〝象牙の塔〟であってはならないということです。スローン・ケタリング癌研究所の予算の相当の部分は、多くの人々の寄付により成り立っています。大は研究所、病院の建物から、小は一つの研究室、一つの機械に到るまで、寄付をした人の名前が刻まれていないものはないといってもいいほどです。大は、ロックフェラー、ハワード・ヒューズ、ビル・ゲイツのように、国の科学予算に匹敵する程の寄付から、百ドルの寄付に到るまで、アメリカの科学、文化、芸術は多くの人々の個人の寄付により、支援されています。これが日本と全く異なるところです。アメリカの科学者は、この重要性をよく知っています。したがって、彼等は、科学、文化、芸術が、人間の幸せ、豊かさ、そして、更には人類の未来にとって、如何に重要なものであるかということを、機会あるごとに、解りやすく多くの人に語りかけます。私が滞在していた頃、グッドはほとんど毎夜、Fundraisingのための講演会やパーティーに出かけました。そこでの彼の話は科学的レベルを落とすことなく、多くの人の理解と共感を呼ぶものでした。

我々の行う科学研究は、通常、百に一つ、千に三つしか、成功しないものです。通常の経済効率から考えると、そこでは大きなムダが存在するといえるかもしれません。だからといって、決して目先の役に立つ研究を志向してはならないのです。壮大なムダがあってこそ、五十年、百年先の人類に、我々が遺産として残しうる、思いもかけない大発見も起こるのです。したがって、我々は、税金によって、あるいは寄付によって我々を支援してくれる人々に、我々が行っていること、我々が夢みていることを解りやすく語り、理解と共感を得ることが、必須なのだと思います。〝我々は高尚なことをしている。難しいことを解らんやつは、解らなくていい〟という態度であっては、大学は人々から見放されていくでしょう。これが、私がグッドから教えられた一つの教訓です。

今日、私は三人の突出した科学者であった私の師を皆さんに紹介しました。大阪大学七十年の歴史の中にも、初代総長であった、原子核モデルで有名な長岡半太郎博士、ウルシの研究で有名な化学者、真島利行博士、テレビアンテナで誰もが知っている八木秀次博士をはじめとして、我々は数えきれないほど多くの、優れた独創的な研究成果を上げた先人達を見出すことができます。これは我々にとって大いなる誇りであり、励ましでもあります。これら全ての突出した研究者に共通すること、それは〝ヒトのマネはしないこと〟〝欧米の流行に追随しないこと〟〝流行を一流と思わないこと〟そして、どこまでも自分の信ずる道を継続することです。

江戸時代の懐徳堂、適塾以来、政治の中心から離れて存在したが故に自由であり、常に新しい文化を、そして創造的な研究成果を生み出してきた大阪大学は、新しい世紀に入って、益々速度を増して発展していくであろうと思います。大学の活力は、毎年新入生を迎え入れることのできるところにあります。〝川の水は流れ続けるかぎり腐らない〟大阪大学は諸君を迎え入れて一段と活性化されていくことと思います。諸君の将来の大成を祈って私の大学院入学式の告辞といたします。おめでとうございました。

平成十四年度卒業式式辞

今直面する危機―クローン技術と戦争―

　本日、大阪大学における四年、あるいは六年間の研鑽と努力の甲斐あって無事卒業の日を迎えられた二五八四名の諸君に心よりお喜びお祝いを申し上げたいと思います。御家族の皆様方にもお祝いを申し上げます。私にとりましても今年が本学総長として迎える最後の卒業式となります。無事総長として六年間の任期を終えることに、やはり何らかの感慨があります。

　私もそうでありますが、諸君にとってもこの四年、あるいは六年間の大阪大学における学生生活は、あっという間に過ぎたという思いがしておられるのではなかろうかと思います。しかし、その四年間あるいは六年間に起こったことを一つずつ思い出してみると、諸君一人一人の人生においていろいろな出来事があり、四年あるいは六年というのは、やはり長い年月であったと、今実感しておられることと思います。一人一人の人生に起こっているいろいろな出来事は、その時にはそれが自分の人生にどういう意味をもつか、どのような選択をすればよいかということは、なかなかわからないものです。しかし、過ぎ去った後から考えてみると、自分がその時々にとった行動、選択が正しかったかどうかは、かなりよくわかります。

　二十一世紀に入って三年目、世界ではまた戦争が始まろうとしています。戦争の世紀といわれた二十世紀が、あるいはローマ帝国が世界を支配していた二千年前がどうであったかと振り返り、歴史から学ぶことによって、現在我々が直面しているいろいろな難しい問題に我々は一人の人間としてどう対処すればよいのかということも少しは判断できるのかもしれません。

五十年前の一九五三年に本学の卒業生である手塚治虫は科学漫画、『鉄腕アトム』を発表しました。一人息子を交通事故で失った天馬博士が、ロボット技術の粋を集めて息子とそっくりなロボットを作ります。二〇〇三年四月七日に、その鉄腕アトムは生まれます。しかし、そのロボットが人間のように成長しないということに怒った博士は、このロボットをロボットサーカスに売り払います。幸いなことに、このロボットはお茶の水博士によって助け出されます。これが諸君もよく御存知の鉄腕アトム誕生の物語です。鉄腕アトムは成長しません。しかし、人間と同じようにコミュニケーション能力も判断能力ももっています。地球にやってきた宇宙人と地球人との争いの仲介役も果たします。鉄腕アトムが発表されて五十年経ちました。科学技術、特にコンピュータ技術は急速に進みました。人は宇宙にも飛び出しました。ロボット技術も長足の進歩を遂げました。しかし、鉄腕アトムが誕生する二〇〇三年においても、ロボットの運動能力は歩くだけであり、走ることも飛ぶこともできません。コミュニケーションの能力も、人のように対応する会話の能力もまだもっていません。判断能力も単一認識だけです。本学の浅田稔教授の言によれば、現在のロボットは鉄腕アトムにはるかに及ばない。しかし、更に五十年後、二〇五〇年にはサッカーワールドカップの優勝チームと闘えるロボットチームが生まれるということです。

こういうふうに考えると、我々人間という生き物がいかに素晴らしいかということを改めて感じさせられます。その優れた人間は二〇〇三年までに鉄腕アトムを作ることはできませんでしたが、全く異なった、そして多分間違った方法で天馬博士の夢を実現しようとしています。それはクローン人間です。やはり五十年前の一九五三年、ワトソンとクリックはヒトの遺伝子の本態であるDNAの二重らせん構造モデルを発表しました。二十世紀の科学における最大の発見であるといわれます。〝ウリのツルにナスビはならぬ〟という遺伝の原則が科学的に説明できるようになりました。それから五十年、生命科学の研究は、この原則を基盤として飛躍的な進展を遂げました。ヒトの遺伝子DNAの三十億個の文字配列も解読されました。それをもとに病気の解明、遺伝子の働きの理論に則った薬の開発、ヒトの細胞や臓器を作りだし、それを用いて治療するという再生医療といった研究分野も花開き始めました。一九九七年にはイギリスでクローン羊ドリーが生まれました。個体が生まれるには、オスとメスの交配が必要である、精子と卵子が結合した受精卵からのみ個体が生まれるというのは、生物がこの地球上に誕生してからの大原則でした。しかし、このクローン羊の誕生は、その大原則を打ち破りました。一匹のメスの羊の乳腺の細胞から核を取り出し、これを核を抜いた卵子に入れ込み、そしてこれを別の羊、すなわち代理母のお腹に戻すということで五体完全な羊が生まれてきました。

羊で可能なことは、当然人間でも可能なはずです。一人息子を交通事故で失った天馬博士の願いは、今完全な形で可能になろうとしています。

私は今、鉄腕アトムと対比してクローン人間を語りました。人間をロボットと同じレベルにするというところに、クローン人間を作るということの恐ろしさがあるのではないでしょうか。クローン羊は何百という試行実験の末に、やっと一匹生まれました。しかし、その羊も最近六歳という若さで亡くなりました。動物のクローン実験では死亡率の高さや先天障害が問題となっている、だから今の段階でクローン人間を作ることは間違っているという議論がありま す。しかし、それでは科学技術が進めば、そしてクローン人間が先天異常や病気を起こさなくなれば、クローン人間を作っても良いのかという議論が起きかねません。先天障害をもつ子供が生まれることをクローン作成の失敗とする考え方は、それ自体が優生学的な価値観を前提としているということにもなります。知力、体力に優れた子供を作り出すという技術、そのような人のクローンを作るという技術は、人が人をみるまなざしを変えてしまうでしょう。その気になれば人間は取り換えがきく、人間を商品としてみる、そして商品の質を遺伝子のレベルで調べるという社会が五十年後に出現してこないとは限らないでしょう。命はそれぞれの人にとって、たった一つのかけがえのないものです。生にも死にも、その人一人一人の独自の物語があります。宇宙が誕生して百五十億年、地球が出現して四十五億年、そして生物がそこに出現して三十五億年、そしてやっと数万年前、我々人間が生まれてきました。人間というもの、それは現在のロボット技術では決して作れない奇跡です。その奇跡ともいうべき人間に手を加えてクローン人間を作り出す、人間を商品化するということは、如何なる理由があっても決して許されるものではないということは、よくわかっていただけるであろうと思います。

しかし、二十一世紀になってもまだ、もう一つの方向から人間の命が危険に曝されることが起ころうとしています。それは戦争です。戦争は、その奇跡ともいうべき人の命を消し去ってしまうのです。戦争の世紀といわれた二十世紀、科学技術による大量殺戮という新しい野蛮が出現しました。人はもう二度とこういうことをしてはならないという願いを込めて、国際紛争を平和的に解決する地球規模のフォーラムとして国際連合を作りました。そして、一九四八年、国連は世界人権宣言を採択しました。アナン事務総長はこの宣言を人間の進歩の度合いを計測する物差しと呼んでいます。しかし、今それはうまく機能しなくなってきたようにも思えます。

ブッシュ米大統領は一月末の一般教書演説で米国と世界の最も重大な危険は大量破壊兵器の入手を企む無法者政権であると述べ、イラクが自主的な武装解除に応じないなら有志の連合を率いて武力行使を辞さないと言明しました。大量破壊兵器をもったイラクのフセイン政権は世界平和にとって大いなる脅威であり、イラクの完全な武装解除が必要なことは誰もが合意していることです。しかし国際世論も国内世論も必ずしも米国を支持しているわけではありません。国連の安全保障理事会で独、仏、ロシアは武力行使に反対していますし、日本国内の世論調査を見ても、多くの人が米英のイラク攻撃に賛成していません。なぜでしょう。それは、イラクが危険な存在だからといって、なぜ、今、人命を犠牲にする戦争を性急に始めないといけないのか。その根拠がはっきりしないと考える人が多いからでしょう。イラクにも多くの子供がいます。昨秋二週間イラクを旅した作家の池澤夏樹は、『イラクの小さな橋を渡って』という著書の中で、「戦争というのは、この子供たちの歌声を空襲警報のサイレンが押し殺すことだ。恥ずかしそうな笑みを、恐怖の表情に変えることだ、それを正当化する理屈をぼくは知らない」と言います。イラク攻撃が現実となった場合、三カ月以内に二十万人以上が死ぬ、戦争終結後も病気などがはびこって何十万人という人が死ぬともいわれています。多くの難民が生まれるでしょう。戦争はいつも弱者を犠牲にします。

チグリス川とユーフラテス川、二つの大河に挟まれたメソポタミア、今のイラクの地域で世界の四大文明の一つは生まれました。そして文明は西へ、エジプトからギリシア、そして今から二千年前に空前にして絶後といわれるローマ帝国が誕生しました。そして二千年後、今この地球上に、それに優るとも劣らないような超大国アメリカが出現しています。一千年続き、空前絶後の普遍帝国といわれたローマ帝国でも最後は滅びました。人類はローマ帝国からこのかた少しでも進歩したか、と作家の塩野七生は問いかけます。ローマの第一人者となったカエサルは、その施政方針を寛容という一言で表したといいます。そしてその言葉どおり、カエサルは自分を攻め滅ぼそうとした敵をも、裁判にかけて弾劾することさえしなかった。これに対して現代の超大国アメリカは、いささか寛大さに欠ける、と今、世界の世論は不安を覚えているのではないでしょうか。先ほど紹介した作家の塩野さんもその一人で、アメリカにカエサルのローマのような寛容さはない、と言っています。

ローマ帝国は一千年に亘って続きました。しかし、結局崩壊しました。なぜ一千年続いたのか、なぜそのような大帝国でも滅亡したのかといった議論が、最近よくなされます。いろいろな意見があります。彼らもいくつもの失敗を犯している、しかし、失敗を認めたとき、改革を行う勇気を失わなかったから一千年も続いたのだという意見もあります。どのような時代もそれ以前より進歩してきた、これからも人類は進歩し続けるであろう、富も幸福も知識も人類の徳までも増え続けていくに違いないという考えをもてた時代でもあったといいます。今日本の、そして地球上六十億の人々は、このような考えをもてない状態に追い込まれています。それが二千年前のローマに思いをはせる議論になっているのであろうと思います。

米国の科学者が最近発表した「地球の生と死」という論文の中で、彼らは地球上の生物の絶滅まであと五億年、地球が正午に消滅するとしたら、現在は午前四時三十分、午前五時には動植物が絶滅し、八時には海水が蒸発、正午に地球は太陽に飲み込まれ消滅するといいます。彼らは「我々は素晴らしい場所と時代に生きている、これがどれほど貴重なことかを理解し、可能な限り環境を守らなければならない」と強調します。それが生物の絶滅を一分でも遅らせることにつながるでしょう。しかし、今人間はその絶滅をもっと早めることをしています。生命を人間の手で操作する技術、大量殺戮兵器の製造、大量破壊兵器をもつ国を攻撃する戦争。今、私達にはこうした危険を少しでも減らし、地球を長生きさせる努力が求められているのではないでしょうか。

如何に栄えても一つの帝国が一千年以上続くことはないことは、ローマ帝国が教えてくれました。如何に医学、医療が進んでも人は百年以上生きられないことは、生命科学が教えてくれています。たかだか百年にも満たない人生の中にもたくさんの喜びがあり、また苦しみも悲しみもあります。私達は自分の意志で生まれてくるわけではありません。何万年と続いてきた人間の歴史の中で、我々は生まれる時と場所を選ぶことはできません。地球上のどこに生まれようと、いつの時代に生まれようと、どのようなハンディキャップをもって生まれようと、我々の後に続いてこの地球上に生まれてくる人が全て生まれてきてよかったと思えるような地球を作っていくことが我々の使命である、そのために我々一人一人が何が正しいかを考え判断し、一人一人が責任と勇気をもって発言していくことが求められる、特に二十一世紀前半、その中核となって活躍する諸君にとって、それが責務であるということを述べて私の最後の卒業式の式辞といたします。

平成十四年度大学院学位記授与式式辞

クローン技術の問題点について

本日永年の研鑽と努力の甲斐あって大阪大学修士の学位を受けられた一八八四名、博士の学位を受けられた六三一名の諸君に心よりお祝い申し上げます。これから諸君の進まれる道は多様であろうと思います。大学や研究所で純粋アカデミズムの道を志向される人もおられるでしょうし、企業の研究所で開発の道に進まれる人、医師、弁護士等、高度職業人としての道を歩まれる人等々あろうと思います。しかし、どの道に進まれようと博士の学位をもつということは、その道で独立したプロフェッショナルとして遇されるということを意味します。研究者としては自分で科学研究費を申請することもできますし、種々のフェローシップに応募することもできます。欧米では学位を取った後二〜三年、ポストドクトラルフェローとして研究の訓練を受け、グラントを取得できれば大学で独立して研究室を運営することができます。

欧米では自然科学の分野のみならず、政治、経済、外交、文化・芸術等々の分野でも、それぞれの道でリーダーとして活躍する人の多くは博士の学位をもっています。しかし、日本ではこれまで医学等の一部の分野を除いて博士の学位をもつ人は非常に少なかったというのが実情です。それはなぜでしょうか。明治以来、日本は欧米を目標として近代国家の建設を急ぎました。その原動力、中心となるエリートを育てる教育、それはできるだけ効率よく欧米先進国の進んだ学問・技術を受け入れることでした。そこでは学ぶことは真似ることでした。戦後、急速に経済復興を遂げ高度成長時代を作っていったのも、やはり同じく欧米の進んだ科学技術を効率よく取り入れることに主眼が置かれたことによりました。高度な科学技術を習得し、その能力を組織の一員として最大限に発揮してくれる人が求められました。〝あの人は個性的である、そこでは他と異なること、すなわち個人が個人であることは好まれませんでした。そのような社会が求めたもの、ユニークである〟というのは決して褒め言葉ではありませんでした。そのような社会が求めたもの、それは一流大学の学部を優秀な成績で卒業した人達でした。せいぜい修士を終えた人でした。博士の学位をもった人を社会は求めませんでした。しかし、世の中は変わってきました。〝組織があって人がいる〟のではなく、〝人がいて組織がある〟。一人一人がその能力を個性を最大限に発揮し、それがハーモニーを形成するところに優れた集団ができる、成果を発揮する組織ができる。そのような組織で働いてこそ、人は〝省みて悔いなし〟といえる人生を送ることができるということが多くの人に理解され、求められるようになってきました。二十世紀最後の十年は失われた十年ともいわれます。株価や土地の価値でみたとき、たしかにそれはいえるでしょう。しかし、日本人が一人一人の人間の存在の重要性に気付いた十年であったとしたら、それは決して失われた十年ではなかったろうと思います。

そのような考え方の変化と共に、大学も変わってきました。大阪大学は大学院を中心としてその下に学部が附属するという組織に変わりました。昨年には、日本の生命科学、情報科学の分野で世界をリードするような研究者を育てることを目標として、大阪大学には生命機能研究科、情報科学研究科が作られました。大学院における創造的研究を通じて高度の教育を受けた諸君のような人々を社会は求めるようになりました。

今産業界は大学に熱いまなざしを向けるようになってきました。産学連携、共同研究、知的財産、ＴＬＯ、応用研究といった言葉が毎日のように声高く叫ばれています。社会が大学の研究に関心をもつことは重要なことです。我々もまたその期待に応える必要があります。しかし、間違ってならないこと、それは大学の使命は新しい学問のフロンティアを切り開くことであるということです。生命科学の分野では今からちょうど五十年前の一九五三年、ワトソンとクリックによりＤＮＡの二重らせん構造が発表されました。それから五十年、ＤＮＡの試験管内での合成、ＤＮＡを一定の場所で切る酵素の発見、切られたＤＮＡをつなぐ酵素の発見、それらを応用した遺伝子組み換え法の開発、ＤＮＡの配列を化学的に決定する方法の発見等々、どれもがノーベル賞に輝いた基礎的な研究成果の上に立って、そこから今ヒトの遺伝子の配列が読み解かれ、それが遺伝子診断、遺伝子治療、再生医療や新しい薬の開発等につながっていくことになります。人間の幸せ、産業の活性化につながる大きな研究成果は決してそれを目標とした応用研究から生まれたのではないということ、研究者の自然現象に対する素朴な疑問、興味から発展したものであるということ、大学はそのような基礎的研究を行う場であり、決して産学連携や応用研究を中心に据える場ではないということを、今こそ全ての人が理解しなければならないと思います。大学と産業界という二つの全く両極にあるものが、バランスをもって進むことにより社会は進歩するのであろうと思います。そのバランスが崩れたとき、いろいろな問題が起こります。私は昨年の学位記授与式で狂牛病（ＢＳＥ）について話しました。牛にもっと乳を出させたい、良い羊毛を作りたいというのは当然、それに携わる人々の否定することのできない欲求です。それがＢＳＥを引き起こすことにつながりました。しかし、二つのノーベル賞をも獲得したプリオンに関する創造的科学はＢＳＥの発症のメカニズムを見事に解明しました。しかし、問題はその後にありました。ＢＳＥの本家イギリスでは一九八〇年代後半からの取り組みにより一九九二年以降、問題はほぼ解決に向かっていたにもかかわらず、日本では一九九六年の段階に至ってもいまだに肉骨粉の輸入禁止や使用禁止の法律的処理がなされず、それがその後のＢＳＥの発生につながってきたと考えられます。

私が専門とする生命科学の分野でも、我々はその光と共に常に陰の部分にも注意を払う必要があろうと思います。私は午前中の学部の卒業式でクローン人間について述べました。一九九七年、イギリスでクローン羊ドリーが生まれました。メスの羊の乳腺の細胞の核を、脱核した卵子の中に入れ込み、適当な刺激を与えた後、代理母のお腹に戻すことにより、五体満足な羊が生まれました。地球上に生命が誕生してから三十五億年、すぐにオスとメスができ、両性がその遺伝子を混ぜ合わせることにより五千万種ともいわれる多様な生物種が生まれてきました。地球上に生きる六十億人の人も一卵性双生児を除いて二人として同じ人はいません。個体は精子と卵子が結合した受精卵からのみ生まれるというのは、太古の昔からの大原則でした。しかし、その大原則はドリーの誕生によって打ち破られました。羊で可能なことは当然ヒトでも可能なはずです。今年に入ってスイスの宗教団体からクローン人間の誕生が次々と報じられています。この事実に賛成する人はいないのは事実です。しかし、反対の理由として、まだこの科学技術が完全に成熟していない段階でヒトに応用するのは危険だという考え方もあります。事実、羊の実験では二七七個の胚を使ってやっと一頭生まれたということです。またそのドリーも六歳の若さで亡くなりました。成功の確率が低い、先天障害が現れる、病気になるかもしれない、もし、そういうことで反対するとすれば、科学技術が進歩し、それらの危険が克服されたとき、我々はクローン人間を作ってよいのかということになります。一人一人の個人は誰もが〝私は他の人とは違う〟〝かけがえのない存在である〟という自己の交換不可能性、独自性と唯一性に関して根源的な信念をもっています。大阪大学の総長としての役割は、それが誰になっても全く変わりはないでしょう。しかし、私個人の代わりは誰にもできません。ところが私のクローンができ、私の死後全く同じ私が生き続けていたとしたらどうでしょう。人はそれを容認できるでしょうか。クローン人間の作製はこのような根源的問題を我々につきつけています。

試験管内で増え続けながら適当な刺激によってどのような組織、臓器にも分化させうるという胚性幹細胞が確立されました。クローンの技術を使うことによって自分の細胞の核を、脱核した卵子の中に入れ込み、自分の細胞由来の胚性幹細胞いわゆるクローン胚を作り出すことも可能だと考えられます。それによって、病気になったとき、神経を、骨を、血液を、筋肉を、肝細胞を、心筋細胞を入れ換えるという治療法も不可能ではなくなるだろうと考えられています。しかし、そこにはいろいろ考えなければならない問題があります。ヒトの卵子は商品として取り扱われないとも限りません。これは人体の組織の商品化、産業化につながることであり、石油や鉱石に代わる人体の資源化であるという考え方もあります。他方では、このような再生医療によって病気が治癒する人が存在するし、そのような人に向かってこういう研究開発を全て中止せよといえるかという考え方もあります。市場経済に任せるのはもちろんまずいとしても、生や死について法律によって国が統一することの危険性もあります。

二十世紀から二十一世紀にかけて科学技術は益々そのスピードを上げて進展します。そのような中で研究者は自分の研究競争に追われ、科学が社会に対して果たすべき役割や、科学者としての責任を自覚することのないまま、閉鎖的な世界の中で研究の中に埋没していく危険性もあります。経済成長を追い求める、更によりよい〝生〟を求める人間の欲望には限りがありません。創造的研究に携わる我々一人一人が常に真剣にこういう問題に向き合っていくことが重要であろうと思います。

国は科学技術創造立国を目指し、科学振興のための予算を増加しています。日本の国力、産業力活性化のため、研究における重点分野を決め、予算の重点配分を行っています。国の政策的研究遂行のために、これは必要なことでもあろうと思います。しかし、その結果として研究者は多くの研究費を得るため、あるいは良い職を得るため、名声を得るため、往々にして時流に乗った研究をする傾向が出てきます。これから諸君が活躍していく長い人生を長期的視点に立って考えるとき、最も重要なこと、それは流行を追わない、時流におもねらないということです。流行は必ず変わります。〝ＩＴブーム〟といったのは、ほんの二〜三年前です。ＩＴで日本の経済は大きくプラス成長を遂げると言った大臣もいました。いまや〝ＩＴバブルは崩壊した〟ともいわれています。二十一世紀はナノテクノロジーの時代だ、バイオだということが声高く叫ばれています。しかし、それが流行になっているということは、それを流行にした先人がいるということです。その先人を抜くことはできないということです。まさに〝人の行く裏に道あり花の山〟です。

〝流行を追わない〟ということは、言うは易く行うは難しです。何をすればよいかということはどうすればわかるのでしょうか。それは一流を見ることです。一流の人に接すること、一流の人の下で働くこと、そのために広い世界を動くことです。どの分野でも、その分野で一流といわれる人は、常に人より一歩前を歩いているものだと思います。そのような人物には、まず根本的に気力と気塊、迫力があります。それはどうして生まれるか、その原動力になっているのは、志、理想であり、夢を追い続けるということです。そして、その志の実現のために挑戦するということです。「志立たざれば、天下なるべきことなし。百巧の技芸といえども、いまだ志にもとつかざるものあらず」という言葉があります。自分の立てた目標に向かって自分を駆り立てる信念の行動化が、その人をそれぞれの分野で第一人者となす原動力であろうと思います。

「一国は一人によって興る」という言葉があります。国家もその興亡は民族のエネルギーと活力、これを体現する人物の有無によって決まります。大学にとっても企業にとっても、そして国にとっても最も重要なもの、それはそのような人です。そしてそのような人の背中を見て、また次の世代が育ってくるのです。〝トップ30〟〝21世紀型COE〟の選考でも、時代を担う人材を育てるに充分な人材がそこに揃っているかということが重要な要素であるのだろうと思います。

大学の真価は、どのような人材を輩出したかによって決まります。平成十六年から国立大学は法人化され、教職員は非公務員となると考えられています。大学間に大きな格差が生まれるでしょう。大阪大学が益々発展し、そこで学ぶこと、そしてそこで教育研究に従事することが誇りであるような大学になっていくことができるか否かは、どれだけ多くの〝一流〟を集め、〝一流〟を育て、一流の人材を送り出すことができるかにかかっているのであろうと思います。

これからいろいろな分野で活躍される諸君、流行を追うことも、それにおもねることもなく、おのれの立てた志に向かって邁進されることを祈って私の式辞といたします。

平成十五年度入学式告辞
「失われた十年」後も彷徨う日本と大学

本日、中学、高校と続く永年の勉学の甲斐あって、無事目標とする大阪大学への入学を果たされた二七二三名の新入生諸君に心よりお祝い申し上げます。御家族の皆様方にもお喜びを申し上げたいと思います。

知識を詰め込む受験勉強には、とかくの批判もあります。その改善策として、ゆとりの教育や総合学習ということがいわれています。しかし、私はどれだけ幅広く、どれだけ多くの事を知っているかということは、重要なことであると思います。コンピューターも入力がなければ何も生み出してくれません。創造力も判断力も人間としての豊かさも、どれだけ多くを学んだか、どれだけ多くの本を読んだか、どれだけ多くのことを知っているかによって決まります。諸君はよく勉強してこられたと思います。しかし、これで勉強の峠を越えた訳ではありません。大学では本当の勉強はこれから始まります。私の年代なら、あるいは二十年前なら、一流の大学に入りさえすれば、人生の半分以上は成功であったかもしれません。大学ではそんなに勉強しなくても、一流大学を卒業したというレッテルを貼ってもらえば社会で通用した時代がありました。企業も官庁もそういう人々をそれぞれのところでそれぞれの組織に合うように育てあげていきました。人はそれぞれの集団で、全体の中の一人としてその能力を発揮し、高度成長時代の日本の発展の原動力となりました。しかし、いまやそういう仕組みが音をたてて崩れているということは、諸君もよく御存知のことと思います。一流大学から一流企業、一流官庁、そして年功序列、終身雇用という日本固有のしくみは消えつつあります。一人一人が人とどこが違うか、何ができるかということが問われるようになってきました。諸君が大学で何を学ぶか、どんな能力を身に付けるかということが重要になります。そういう意味で私は諸君の勉強は今日から始まるというのです。

諸君の入学した大阪大学は、諸君が頑張るかぎり諸君の期待に充分応えられるものをもっていると思います。大阪大学は一九三一年に理学部と医学部の二つの学部よりスタートしました。一昨年、二十一世紀の始まった年、創立七十周年を祝いました。まだ歴史の新しい大学です。ヨーロッパの五百年以上の歴史をもつ大学には比べるべくもありません。しかし、この七十年の間に大阪大学は急速な進展を遂げました。現在は十の学部、十四の大学院研究科、二十を超える研究所や研究センターを擁し、世界から高い評価を受ける研究成果を連日のように発信していることは、諸君も新聞等を通じてよく御存知のことと思います。

大阪大学は創立七十年を迎えたばかりの若い大学です。しかし、その歴史を辿れば江戸時代にまで遡ることができます。諸君もよく知っている司馬遼太郎の小説の一つに『花神』があります。〝花神〟とは枯木に花を咲かせる〝花咲かじいさん〟のことですが、この小説では周防、今の山口県の村医から適塾で蘭学を学び、倒幕軍の総司令官となり、明治の近代陸軍制度の創始者となった村田蔵六、後の大村益次郎の生涯を描いたものです。この小説は次のような文章から始まります。『「適塾」という、むかし大坂の北船場にあった蘭医学の私塾が、因縁からいえば国立大阪大学の前身ということになっている。宗教にとって教祖が必要であるように、私学にとってもすぐれた校祖があるほうがのぞましいという説があるが、その点で、大阪大学は政府が作った大学ながら、私学だけがもちうる校祖をもっているという、いわば奇妙な因縁をせおっている。江戸期もおわりにちかいころ、大坂で、「過書町の先生」といわれた町の蘭方医緒方洪庵が、ここでいう校祖である。「人間は、機械とおなじかもしれない」という、およそ非神秘的なことを、独特のおだやかな物言い方で、門生に説ききかせたひとである。その門生のなかに、福沢諭吉もいる。橋本左内、大村益次郎、大鳥圭介、長与専斎、箕作秋坪、佐野常民など、幕末から明治にかけての文化大革命期に登場する人物の名が、この塾にいまも保存されている門人帳にのっている。適塾の建物は、問屋の町である北船場の過書町にあった。いまもある。町名がかわって、東区北浜三丁目になっている。』と書かれています。町名が更に変わって、現在は中央区になりましたが、適塾の建物は改修され、国の文化財として、多くの人々が連日ここを訪れています。この適塾がもとになって大阪医学校が作られ、そしてそれは大阪府立医科大学から大阪大学医学部へと発展し、現在に至っています。

もう一つの大阪大学の源流、それは懐徳堂です。現在東京一極集中、大阪経済の地盤沈下がいわれていますが、江戸時代、大阪は経済の中心でありました。経済の繁栄が文化の発展につながり、近松や西鶴、人形浄瑠璃や文楽等が生まれてきました。そして十八世紀、一七二四年、大阪の現在の中央区今橋に金持の町人五同志の出資により大坂町人の教育機関として懐徳堂が設立されました。ここでの特徴は、その学則に〝書生の交は貴賤貧富を論ぜず同輩たるべきこと〟と書かれています。封建時代にありながら、学問の上では皆平等であるという考えを打ち出していたことは画期的なことであり、それが大阪と東京との違いであろうと思います。またその学説の中に〝合はざることありといえども行われて相害せざりき。之を君子という。その学は天下の公なり〟〝千万人みなみな人情が違う候ものゆえ多く物ごとに当たり学問が第一なり〟とも述べられています。これは現在の我々にも通じる重要な点であろうと思います。一人一人皆考えは違います。国と国、民族と民族、宗教と宗教、皆それぞれに考えに違いがあります。それを認め合い、理解し合うために学問することが重要であると述べているのです。懐徳堂は非常に栄えたといわれています。一時期一番栄えた頃は江戸幕府の学問所であった昌平黌を凌ぐほどの人たちがここで学んだし、全国から懐徳堂に立ち寄る文人や学者たちも数多く、大坂のみならず全国の学問の中心地としての様相をなしていたといわれています。

このように二つの学問塾の源流の上に大阪大学は設立されました。京都にすでに帝国大学があるのになぜ大阪にもう一つ帝国大学を作る必要があるのか、と政府は大阪帝国大学の設立に難色を示しました。その時、大阪の財界、市民は一丸となって設立に必要な資金の半分以上と設立後三年間の大学運営に必要な資金全てを寄付し、大阪大学の設立は議員立法によって国に認められたといわれています。このような経緯で設立された大阪大学は大阪のまち、大阪の人々、大阪の産業界と一体となって開かれた大学、実学を尊ぶ大学として発展してきました。

〝地域に生き世界に伸びる〟というのが大阪大学が掲げるモットーです。〝世界に伸びる〟というのは東京大学でも京都大学でも掲げる目標でしょう。しかし、〝地域に生きる〟というのはこのような歴史的経緯からみても大阪大学にぴったり当てはまるのであろうと思います。大阪大学の初代総長であり、原子核モデルを考え出し、日本の文化勲章第一号を受章した有名な物理学者である長岡半太郎博士は、大阪大学を去るにあたって「大阪大学は産業科学に意を用うべし」と述べておられますが、このような大阪大学の歴史的経緯からみて、なるほどと頷けるであろうと思います。それより半世紀以上も前、適塾の緒方洪庵は〝世間に対しては衆人の好意を得んことを要すべし。学術卓絶すとも言行厳格なりとも斉民の信を得ざれば其徳を施すによしなし。固く俗情に通ぜざるべからず〟と述べています。これもまた大学が〝象牙の塔〟となることなく、世間に広く開かれたものでなければならないということを述べているのであろうと思います。

このような大阪大学の歴史の中から他の国立大学にはない、基礎工学部や人間科学部が作られましたし、六十年前に、すでに今の産学連携の先駆けともいうべき産業界との共同研究も志向した産業科学研究所が作られています。現在、遺伝子の次は蛋白の研究というのが大きな流れになっていますが、大阪大学には四十年前にすでに蛋白質研究所が作られています。ウィルス、細菌が関わる感染症や免疫の研究を行う微生物病研究所も、日本の国立大学では大阪大学にしかありません。

このような大学から、ソニーの創始者の一人である盛田昭夫氏、サントリーの佐治敬三氏、鉄腕アトムで有名な手塚治虫氏といったユニークな人々も育っています。また日本のノーベル賞受賞第一号となった湯川秀樹博士の中間子論の論文は、この大阪大学で書かれました。〝官〟〝国〟〝政府〟といった権威を中心として栄えてきた江戸、東京に対して全く対極的な立場〝民〟を中心とし、発展してきた大阪、今もう一度自由都市としての大阪が復権していくためには、その中心としての大阪大学の役割が重要であろうと思います。

日本の大学は今、大きく変わろうとしています。連日のように大学に関する話題が新聞やテレビを賑わしています。多くの人々が大学に関心をもつのは重要なことです。〝一国が栄えたとき、そこには世界の先端をいく大学があった〟という言葉があります。大学における教育、人材育成、そこにおける創造的研究は五十年、百年先の国の繁栄にとって必須のことです。二〇〇四年春より国立大学は法人となる予定です。現在法案が審議されています。従来の、国の行政組織の一部という位置づけから、国から独立した法人格をもつ存在となります。これにより各大学の自主性、自律性は高まると共に、九十七の国立大学は全て同じではなく、それぞれの大学はその特色を発揮し、競争の場に曝されることになります。すでに昨年より「21世紀型COE」というプログラムが始まっています。それぞれの学問分野でトップ30の大学院研究科を選び出し、これを重点的に支援しようとするものです。当然、諸君も大学院に進むとき、これに選ばれているようなところに進もうとするでしょう。大阪大学は当然どの分野でもこれに選ばれるでしょう。しかし、我々は決して日本の中で高い評価を得ることに満足してはならないということは大阪大学の誰もが考えていることです。

昨年のワールドカップサッカーでは、日本中が興奮しました。大相撲やプロ野球に比してなぜこれほどの興奮を呼ぶのでしょうか。それは世界を相手に闘うからです。日本はベスト十六にまで入りました。日本の大学は、どの大学も世界でこのレベルに入ることはできないでしょう。なぜ日本のサッカーはここまでいけたか。それは常に世界と混じり合っているからです。多くの国際的なプレーヤーが日本のJリーグで活躍しています。日本のトッププレーヤーの何人もがヨーロッパを舞台に活躍しています。日本チームの監督は外国人です。日本の大学はこのどれにもあてはまりません。日本の国立大学に外国人の学長はいません。世界をリードする外国人研究者が日本の大学にいるでしょうか。欧米の大学で活躍する日本人研究者はいます。しかし、それもほんの少数です。

アメリカの有名な研究型総合大学の、もっとも重要な戦略は、それぞれの分野で先端をいく研究者を世界中から見つけ出し、リクルートしてくることです。そのためにはどのような条件でも呑むということです。良い研究者はまた次に続く良い研究者を育てます。そして大学は発展します。今やっと日本の大学もそのことに気付き始めています。偏差値を指標に諸君が信じてきた、日本国内だけに通用する大学の評価、序列は、今急速に変わっていきつつあります。

創造的研究を国際レベルで行うという点において大学における競争力は絶対に必要です。しかし、全てが競争の原理で解決するのかということも、また我々が常に考えなければならない問題です。〝失われた十年〟といわれる九十年代、我々はアメリカ型の市場原理や競争原理というシステムの導入を急ぎました。しかし、それには合わない靴に足を合わせるという面もあったのではないでしょうか。周りがどうであろうと個人として戦い勝つことに強いインセンティブを感じるアメリカ、それとは対照的に、協調という安心感に支えられ、集団としての達成に強いインセンティブを感じるところが、日本人の特性でもあり、長所でもあります。このような国民性の違いを無視してアメリカ流の仕組みを導入しても、必ずうまくいかなくなるでしょう。諸君に求められる大競争時代を生き抜く「たくましい日本人」というのは、決して他人を蹴落としても自分だけ生き残ることを良しとするような、そのような日本人ではないと思います。他人を思いやるやさしい日本人であることが必要です。そして、そのことは決して「画一的平等主義」として否定されるべきものではないと思います。

しかし、アメリカ的競争であれ、日本的やさしさであれ、全てに共通して重要なこと、それは学ぶこと、努力することです。勉強とは人生に高い理想を掲げて努力し、そして困難に立ち向かうことです。日本の中学生の四十七％が家での勉強時間が一時間以内であり、これはOECD三十二ヵ国中最低であったといわれています。人生で最も大切な目標を問うた調査では、日本の若者の六十一・五％は「楽しんで生きること」を選んだといいます。それを選んだのは、アメリカでは四・〇％、フランスでは六・三％に過ぎません。アメリカでは「高い社会的地位や名誉を得ること」が最も多い回答でした。学問、芸術、ビジネスどの分野ででも、死にもの狂いの努力をして高い地位や名誉を勝ち取ることは、人生の目標として決して否定してしまえるものでもないでしょう。多くの日本の若者が人生のスタートの時点で、すでにそのような目標を放棄しているとしたら、それはなぜでしょうか。日本の経済は長期低迷にあるとはいえ、世界で最も豊かな国の一つです。多くの若い人は、この豊かな社会は当たり前と思ってしまっているのでしょうか。文化庁文化審議会の報告の中に「大地からの手紙」という次のような小文があります。私はこれに共鳴しました。ここで読んでみたいと思います。

日本は疲れています。日本は自信をなくしています。

日本人は彷復い続けています。

戦後、ものを作り、ものを売って高度経済成長を果たした日本は、この半世紀を爆走しながら、富の代わりに何を手放し、何を見失ってきたのでしょう。

無国籍風の若者たちが集う街では、崩れた日本語が氾濫し、乱れた性が行き交い、刹那主義的なにぎやかさが日常の風景と化しています。

だが、楽しげに遊ぶ若者たちほど、ふと寂しげな表情を見せるのは何故でしょう。

若者たちを横目で見ながら、「昔は良かった」と嘆く大人たちの眼差しの奥に、疼くような情熱が消えずに残っているのは何故なのでしょう。

若者たちも大人たちも、日本人すべてが、人生の土台となる「熱い何か」を探して、時代と闘っているのかもしれません。

その昔、小さなパン一個で、満たされ癒されたことはありませんか？

飽食の昨今、ご馳走を食べながら、心の空腹を感じたことはありませんか？

富を得て、日本も、日本人も、お金で買えるものを買いすぎました。衣食足りたあとの富は、時として人間を豹変させ、礼節を忘れさせ、国の生命力さえも萎えさせます。


おなかをすかせた心に尋ねてみましょう。

「欲しいものは何ですか?」「それは、この目に見えるものですか?」


狂想曲は鳴り終わりました。

立ち止まって、青空を見上げてみませんか。

久しぶりに大地と話してみませんか。

日本は今、日本を蘇らせる「日本人の熱いちから」を待っています。

（平成十四年十二月五日「文化芸術の振興に関する基本的な方針について」（答申）より）


というものです。今、地球はまた混乱の中に入ろうとしています。大量殺戮兵器を用いた戦争は、四十五億年続いた地球そのものをも破滅させかねません。今必要とされているもの、それは若い諸君の何者をも恐れず、権力におもねらず、敢然として正しいことを実行する熱い力です。大阪大学に入学された新入生諸君が日本の将来の正しい発展のために大きな力となるよう成長されることを祈って私の告辞といたします。

平成十五年度大学院入学式告辞

免疫研究者としての歩みを振り返って

大阪大学大学院研究科博士課程および修士課程に入学された諸君に、先ずお祝いを申し上げたいと思います。

我々は午前中に学部入学式を挙行し、二七二三名の新入生を大阪大学に迎え入れました。今年の大学院入学者は二九〇五名であり、この数は学部入学者を上回っております。大阪大学は研究型総合大学として、大学院を中心に世界に通じる、あるいは世界をリードする研究を発信し、そのような創造的研究を通じて次代の人材を育成することをその目標としております。その目的のため、数年前に十学部全部が、大学院を中心とし、その下に学部が附属するという組織に変わりました。昨年度は生命機能研究科と情報科学研究科という二つの新しい大学院を作りました。以前からあった国際公共政策研究科や言語文化研究科を含めて、これらの研究科は学部学生をもちません。全国の大学を卒業した人の中から、これらの分野において将来指導的役割を果たすような研究者になりたいと思う、優秀な学生が集ってくるであろうことを我々は期待しています。事実、私の専門でもあります生命機能研究科には五十余名の定員に対して、全国から数百名の人々の問い合わせがあると聞いております。このような結果として、大阪大学では大学院入学生が学部入学生を上回ることになってきました。更に重要なことは、大学院新入生の中に占める他大学卒業生の比率が大幅に増加してきているということです。いろいろ異なった大学で教育を受けた人が寄り集まってくることにより多様性が増大し、教育研究に良い効果をもたらすことは、疑いのない事実であろうと思います。

日本には現在九十七の国立大学があります。五百以上の私立大学があります。大学と一言でいっても、決して皆同じではないということは、誰もがわかることです。大阪大学のように大学院に重点を置いて創造的研究を重視する大学もあります。高度職業専門人を養成することに重点を置く大学もあるでしょう。幅広い教養を身に付けた人を育て送り出すことを目標として、教養教育に重点を置く大学もあるでしょう。地域の人々の生涯教育に役立つことを目標にした大学もあっていいでしょう。大学といっても皆同じではないし、同じであるはずもない。また、同じであってはならないと思います。五百の大学がどの大学も全て大学院をもつ必要もないし、世界と競う研究をする必要もないし、また、できるわけもありません。皆それぞれに役割があります。したがって大学の種別化ということを考える必要もあろうと思います。

次に大切なこと、それはそれぞれのカテゴリーの中にも序列があるということです。裾野を広げることも必要ですが、今や、どれだけ峰を高くするかということが、もっとも求められることでしょう。そういう意味から大学院専攻別にそれぞれ〝トップ30〟を選び出そうという試みが昨年から始まりました。生命科学や情報科学、人文科学や社会科学等々、十の分野においてそれぞれ約三十の大学院を選んで、これを重点的に支援しようというものです。賛否両論ありますが、私は、大学の序列化は日本の大学を活性化し国際的レベルに引き上げていくために必要なことだと思います。大阪大学は、当然どの専攻でもトップ30の中に入るだろうと思います。大学院に進学しようとする学生は、当然そういうところにランク付けされた大学院を選ぶでしょう。したがって大学の側も選ばれるための努力をします。良い意味での競争が起こります。何が選ばれるための基準になるでしょうか。私の考えでは、どのような研究成果を発信しているかと共に、大学院としての重要な要素は、どれだけ多くの優れた人材を産み出してきているかということであろうと思います。優れた人材を育て送りだすためには、素材としての、ここにおられる新入生が優秀でなければなりません。大阪大学の大学院が優秀な新入生をアトラクトできるだけの魅力をもっていなければならないということです。優秀な研究者が多くおり、優れた研究環境のもと、世界をリードする研究成果を連日のように発信し、そこに優秀な学生が全国から集まり、その人達がまた優れた研究者として育っていく。大阪大学は、現在そういう大学であるし、これからも更にそれが加速されていくであろうと私は期待しています。

さて、私の大阪大学総長としての六年間の任期は今年の八月で終わります。九月から私は生命機能研究科でまた免疫学の研究の現場に戻ることを楽しみにしています。したがって、この入学式は私の総長として最後の入学式になります。この機会に、私の四十年近くに及ぶ免疫学研究者としての歩みを振り返り、これから学問の道にスタートされる諸君に何らかの示唆を与えることができればと思います。

私が免疫学という研究の道を選んだのは、本学十一代総長であった山村雄一先生との出会いからでした。医学部の五年生のとき私は、当時内科学の教授であり免疫学者であった山村先生の内科学の講義を聴きました。外界からくる細菌やウィルスから身体を守る働きをする免疫のしくみが、どうして自分の体の成分、特に細胞核内のＤＮＡに対して抗体を作るのか、それがどうして多様な症状を示し、難病といわれる種々の病気の発症につながっていくのか、当時はまだ全く何もわかっていませんでした。しかし、私は情熱を込めた山村先生の講義に魅了されました。そして免疫学の道に進みました。どのような先生と出会うか、研究者にとってそれが最も重要な因子だと思います。いい先生のいるところからいい人材は育ちます。大学として最も大切なこと、それは、いい先生、いい研究者を集めること、育てることです。人は親を選ぶことはできません。しかし、自分の師は選ぶことができます。良い師を選ぶためには諸君の側にも良いレセプターがなければなりません。そのための条件は、よく勉強することです。

大学院を終わって、私は一九七〇年、アメリカのジョーンズ・ホプキンス大学に留学しました。日本とアメリカの間にはまだまだ大きな格差のあった時代でした。助手一年目の私の給料は五万数千円でした。アメリカでのポスドクとしての給料は月千ドルでした。一ドルが三百六十円の時代です。五万円が三十六万円になりました。研究室の設備も研究費も格段の差がありました。二～三カ月かかって船便で日本に届くジャーナルの情報は、そこでは即座に手に入りました。それから三十年経ち、日本は急速に進歩しました。一ドルは百二十円になりました。日本の助手とアメリカのポスドクの給料は逆転しました。研究室の設備や研究費も差がなくなったというより、日本のトップレベルの研究室には、アメリカよりも良い所もたくさんあります。最新の情報も、発表されたその日にインターネットで手に入ります。苦労して言葉や生活習慣、人種等々のハンディを抱えてまで、アメリカやヨーロッパに留学しなくても研究に支障はないと考える若い人が増えてきました。我々の時代、アメリカの大学、研究所、あるいは学会で出会う東洋人は、ほとんど日本人でした。一九六〇～七〇年代のアメリカの生命科学は日本人のポスドクが支えたといっても過言ではありません。しかし、最近アメリカの大学や学会で出会う若い東洋人はほとんど中国や韓国の人です。研究そのものはアメリカで下積みの苦労をしなくても支障がないのは事実です。しかし、重要なこと、それは広い世界を知ることです。全く違う環境に育った人々と知り合うことです。異なった考えをもつ人と議論することです。科学の分野では、これが最も大切です。そこから新しい考えが出てきます。すごい人がいることを知ることも、やはり多くはたいしたことのない連中だということを知ることも重要なことです。したがって、諸君に言いたいこと、それはできるだけ早く広い世界に出て行くこと、広い世界に自分をexposeすることです。間違っても同じ研究室にいつまでも留まらないことです。

身体の免疫の働きを司るのはリンパ球であり、リンパ球にはTリンパ球とBリンパ球があるということがわかってくるのは一九六〇年代です。そして、私がアメリカに渡る二年前、一九六八年に、抗体を作るのはBリンパ球である、しかし、Bリンパ球が抗体を作るためにはTリンパ球の存在が必須であるということが明らかになりました。当然考えられることは、Tリンパ球は、何かBリンパ球に抗体を作らせることを指令する分子を作りだしているだろうということです。一九七三年、そういう分子の存在を報告しました。しかし、それは当時大きな関心をひきませんでした。免疫系の特長はその特異性にあります。インフルエンザのウィルスが体内に入れば、インフルエンザのウィルスに対する抗体ができます。スギ花粉が入ってくれば、スギ花粉に対する抗体ができます。したがって、抗体を作れと指令する分子にもそのような特異性がなければならないというのが当時流行の考え方でした。したがって、そういう特異性をもたないサイトカイン、あるいはインターロイキンと呼ばれる分子は、関心をもたれませんでした。国際学会でも、いつも最終日の最後のセッションで聴衆も少なくなったところで付け足しのように発表させられました。しかし、一九八〇年代半ばを過ぎて、情勢は変わりました。

我々の研究していた分子が中心的役割を担う分子であることが明らかになりました。しかも、我々が見出したインターロイキン６（ＩＬ６）は単に免疫系の調節のみならず、肝臓にも心臓にも脳にも骨にもホルモン系にも血液系にも重要な働きをもっていることが、次々と明らかにされてきました。最近、インターネットで調べれば、この分子に関連した論文は世界で二万五千以上発表されています。したがって、我々の論文の引用頻度も非常に高いものになりました。

このような私の経験から私の言いたいこと、それは流行を追わないことです。自分が正しいと思う道を進むことです。そして継続することです。そうすればそれが流行になります。現在、バイオだ、ナノだ、ＩＴだと騒いでいます。バイオでもゲノムだ、再生医療だと新聞などで毎日のように取り上げられています。しかし、このように誰もが言うようになったら、流行になったら、だいたい終わりということではないでしょうか。流行にはそれを流行にした人がいます。その人を決して追い抜くことはできません。流行を追わないこと、流行を作ることです。

さて、我々の見出したＩＬ６は、いろいろな病気の発症に関わることも、次々とわかってきました。ＩＬ６の受容体に対する抗体を作ってＩＬ６の働きをブロックするという治療薬は、今、ヨーロッパ、アメリカ、日本で、リウマチ、クローン病、キャッスルマン病、多発性骨髄腫瘍等々における臨床試験が最終段階を迎えています。大きな薬になるだろうといわれていま す。しかし、先ほどからの私の話でわかるように、我々は決して難病の治療薬を作るという応用を目指して研究を始めたわけではありません。どうして抗体は作られるのかという体のしくみを知りたいという知的欲求からスタートしています。しかし、物事の真理を突いた研究は、それがどんな小さいことであれ、何かの役に立つものです。生命科学の研究では、このように病気の治療につながってくるものです。したがって、私の言いたいこと、それは何の役に立つかというような捉え方をしないということです。最初から応用研究ということを重視しないということです。世の中は今、産学連携、役に立つ研究、特許の取れるような研究という大合唱になっています。しかし、最初からそれを目標とすれば、たいしたことはできないということです。

大学と企業は目標とするところが違います。大学の目標はあくまで知の創造であり、五十年先、百年先の人類の知的財産を増やしていくことです。それが、ときに薬につながり、あるいは新しい機械の開発につながり、経済発展に貢献すれば、それは有難いことです。しかし、我々は決してそれを目標として研究するのではない、しかし、良い研究はだいたい役に立つことにつながる、ということをおわかりいただければと思います。

私は今日、私の歩んできた道を振り返り、いくつか諸君の参考になることを話しました。良い師と出会うことの重要性、広い世界を知り、多くの人と出会うことの必要性、そして流行を追わないこと、役に立つ研究を志向しないこと、そして最後に、いつまでも継続することが新しい創造を生むことにつながるということを述べて、私の大学院入学式の告辞といたします。

創立七十周年記念式典式辞

二十一世紀を生きる「知識と知恵」をもつ人材の育成

二〇〇一年五月一日に大阪大学は創立七十周年を迎えました。本日、その記念の式典を開催させて頂きましたところ、文部科学省の小野元之事務次官、国立大学協会会長の長尾真京都大学総長、大阪大学後援会理事長の秋山喜久関西経済連合会会長、本学と学術交流協定を結んでいる大学の一つオーストラリアモナシュ大学のロビンソン学長をはじめ、多くのご来賓各位、ならびに本学卒業生・教職員・在学生の皆様多数のご臨席を得ましたことに心よりの御礼を申し上げます。

大阪大学は一九三一年に帝国大学として創設されましたが、その源流を江戸時代にまで遡ります。その一つ、懐徳堂は、一七二四年に山片蟠桃をはじめとする大坂の市民有志五名の発意と出資によって設立され、封建的身分制を超えて、市民自身の学舎(まなびや)として、次の時代を切り開くような、市民の自由闊達な学問の花を咲かせました。もう一つの源流である適塾は、一八三八年に医師、緒方洪庵によって設立された当時日本で最高レベルの洋学塾で、福沢諭吉、橋本左内、大村益次郎ら、のちに明治維新、更には近代日本創設の原動力となった多数の若き俊英たちがここから輩出しました。政治の中心ではない大坂の風土が育んだ市民的自由と批判の精神、そしてなによりも進取の気性が、この二つの塾には満ちていました。

この二つの学府を源流とし、その先見性に富んだ精神と気風を引き継ぐかたちで、わが大阪大学は創設されました。大阪大学は創立当初、理学と医学の研究機関として発足し、原子模型をボーアに十年先駆けて提唱し、第一回の文化勲章を受章した初代総長・長岡半太郎博士や、「中間子論」で我が国初のノーベル賞に輝いた湯川秀樹博士の物理学研究をはじめとして、現代の構造生物学につながる蛋白質化学や、「電子立国」としての日本の礎を築くことになる基礎工学、原子核物理学の基礎研究などさまざまな分野で、つねに先端的な研究に取り組み、画期的な成果を上げてきました。そして第二次大戦後には、文系学部も設置され、二つのキャンパスに三十を越える学部・研究所を擁した、我が国を代表する総合大学の一つとして発展を続け、今日に至っております。

さて、このようにこれまで日本における科学研究を先端部分で担ってきた大阪大学でありますからこそ、これからの人類社会に対して科学が果たすべき貢献と引き受けるべき責任とについて、改めて深く想いをはせなければならない時期にきていると私は考えます。といいますのも、大阪大学が時代をともに歩んできた二十世紀こそ、科学技術が多くの研究者の血の滲むような努力によって未曾有の発展をとげ、人類文明の発展と安寧に大きく寄与したとともに、それが抱え込む重要な問題性もまたきわめて深刻なかたちであらわにしてきた時代だったからです。

ホモ・サピエンス、知能をもった存在としてみずからを規定した人間は、二十世紀に大きなしっぺ返しをくらうことになりました。知能によってみずからの環境をより快適なものにし、人類のさまざまな不幸を乗り越えたそのホモ・サピエンスは、みずからの生存を危うくしかねない状況をも生みだしてきたことに気づいたからです。

知能の粋ともいうべき科学技術の発展は、物質的生活のみならず、例えば電子技術の開発によってコミュニケーションをも飛躍的に拡大し精密化することで、人類の生活の質を大きく向上させました。不治の病も次々と克服し、人間の寿命を大幅に延ばしもしました。科学がもたらした恩恵には実に計り知れないものがあります。しかし、科学技術は他方で、同胞を大量に殺戮する核兵器を生みだしてしまいました。更には人間よりもはるかに長い歴史のなかで絶妙のバランスを作りあげてきた地球の生態系をきわめて短期間に歪ませ、気象の変化をすら引き起こすことになりました。人類によるおびただしい量の生産・消費の活動は、地球環境の破壊、地球資源の枯渇をも招きつつあります。そういう「外なる自然」の破壊だけではありません。「生命科学の世紀」でもあった二十世紀は、最後の神秘ともいわれた生命の鍵をこじ開け、医療の分野で計り知れない可能性を開きつつありますが、それは同時に生命という「内なる自然」に大きな書き換え、あるいは書き加えをする可能性もあります。

科学と技術は、人類文明の発展と人類の安寧に深く貢献するものであるとともに、人類を、道筋がはっきりと見えないまま未曾有の領域に突入させつつあることを痛いほど知らされたのが、二十世紀という時代なのでした。

そういう時代を経て、私たちがいまほど「知恵」というものを必要としている時代はないように思います。知識はそれ自体が善いものなのではありません。知識はどのように用いるかによって良くはたらきもすれば悪くはたらきもします。そのことを考えに入れつつ、人間について、歴史・社会について、そして宇宙について、観察し、研究し、そこから人類という存在、それに人類が紡ぎだす文明というものについて、深い洞察を引き出すのが学問というものでありましょう。その意味で学問には、その基礎に、なによりも人としての「知恵」が要ります。とりわけ現代の科学技術は、個人的にも社会的にも、人々の生活そのものに甚大な影響をあたえるものであり、今日ほど学問研究が、市民のさまざまな知恵と協力しあいながら、人類社会の将来というものを広く視野に入れて、その作業を推し進めなければならない時代はないといえましょう。

学問研究は楽しいものです。人類を未知の可能性に向けてさまざまに開いていくものでもあります。が、学問研究は怖いものでもあります。それは技術を通して、私たちの生存の条件に深くかかわるような事柄にかかわっていくからです。

岸本忠三大阪大学第十四代総長略歴

略歴

一九三九年五月　大阪府富田林市に生まれる
一九五八年三月　大阪府立富田林高等学校卒業
一九六四年三月　大阪大学医学部卒業
一九六九年三月　大阪大学大学院医学研究科修了
医学博士（大阪大学）
一九六九年四月　九州大学歯学部助手（一九七二年八月まで）
一九七二年九月　米国ジョーンズ・ホプキンス大学リサーチフェロー
一九七三年七月　米国ジョーンズ・ホプキンス大学客員助教授（一九七四年八月まで）
一九七四年一一月　大阪大学医学部助手
一九七九年四月　大阪大学医学部教授（病理病態学）
一九八三年七月　大阪大学細胞工学センター教授
一九九一年四月　大阪大学医学部教授（内科学第三講座）

一九九五年八月　大阪大学医学部長・評議員（併任、一九九七年八月まで）
一九九七年八月　大阪大学総長（二〇〇三年八月まで）
二〇〇三年九月　大阪大学名誉教授
　大阪大学大学院生命機能研究科客員教授
二〇〇四年一月　総合科学技術会議議員（二〇〇六年六月まで）
二〇〇四年四月　大阪大学大学院生命機能研究科招へい教授
二〇〇六年四月　大阪大学大学院生命機能研究科寄付講座教授（二〇一一年八月まで）
二〇〇七年一〇月　大阪大学免疫学フロンティア研究センター特任教授
二〇〇七年　第二十七回日本医学会総会会頭
二〇一〇年　第十四回国際免疫学会会長

表彰

一九八二年一一月　ベーリング・北里賞
一九八三年一〇月　第一回大阪科学賞
一九八六年一二月　一九八六年度 Erwin von Bälz Preis
一九八八年一一月　武田医学賞

一九八九年一月　一九八八年度朝日賞
一九九〇年一一月　日本医師会医学賞
一九九〇年一一月　文化功労者
一九九一年四月　米国国立科学アカデミー外国人会員
一九九一年一〇月　国際アレルギー学会賞
一九九二年四月　米国免疫学会名誉会員
一九九二年六月　日本学士院賞・恩賜賞
一九九二年八月　国際免疫学会一九九二年度サンド免疫学賞
一九九二年一一月　富田林市名誉市民
一九九五年一二月　日本学士院会員
一九九六年九月　ドイツ免疫学会アベリー・ランドスタイナー賞
一九九七年一二月　米国血液学会名誉会員
一九九八年一一月　文化勲章
一九九九年五月　ドナルド・セルディン賞（国際腎臓病学会）
二〇〇三年一〇月　ロベルト・コッホゴールドメダル（ドイツコッホ財団）受賞
二〇〇五年一二月　ドイツ科学アカデミー・レオポルディナ会員

二〇〇六年八月　Honorary Lifetime Achievement Awars 受賞（国際サイトカイン学会）
二〇〇九年五月　クラフォード賞（スウェーデン王立科学アカデミー）
二〇〇九年六月　吹田市長賞
二〇〇九年六月　厚生労働大臣表彰
二〇一〇年四月　大阪市長特別表彰
二〇一〇年五月　ＣＩＳ（アメリカ臨床免疫学会）会長賞受賞
二〇一一年四月　日本国際賞
二〇一一年八月　第一回大阪大学功績賞特別賞
二〇一二年一〇月　タイ王国 Royal Decoration 受章
二〇一七年四月　King Faisal International Praize
（サウジアラビア王国、キング・ファイサル財団）受賞

あとがき

本書は、大阪大学アーカイブズが実施した、岸本忠三大阪大学第十四代総長へのオーラルヒストリーの記録です。インタビューの実施状況は以下の通りです。

第一回　二〇一五年八月十八日（第一章）
第二回　二〇一五年十月五日（第二章）
第三回　二〇一五年十二月十七日（第三章）
第四回　二〇一六年四月十八日（第四章）

インタビューは、いずれも大阪大学免疫学フロンティア研究センター（大阪府吹田市）の岸本特任教授室で行われました。出席者は以下の通りで、飯塚がインタビュアーを務めました。

飯塚　一幸　大阪大学アーカイブズ室長、大阪大学大学院文学研究科教授
菅　　真城　大阪大学アーカイブズ教授（当時）、現大阪大学共創機構社学共創本部教授
岩谷美也子　大阪大学出版会編集長
松本　紀文　大阪大学卒業生室副室長

インタビューのテープ起こしは、ふみ工房の大段布美恵さんに依頼しました。その原稿を菅が整序し、それを岩谷が原稿化するという手順を踏みました。写真の提供には、岸本元総長の秘書である飯塚多美子さんのお手を煩わせました。

大阪大学アーカイブズでは、前身の文書館設置準備室時代から大阪大学の発展に貢献された名誉教授の先生に対するインタビューとビデオ撮影を実施してきました。また、総長経験者については、インタビューを中心にして一冊の本にまとめることとしました。そうしたものとしては、本書は熊谷信昭第十二代総長の回顧録につづいて二冊目になります。

岸本先生にはこの様な編者の意図をよくご理解くださり、お忙しい中インタビューと本書出版についてご快諾いただきました。改めてお礼申し上げる次第です。

なお、本書に収録した卒業式・入学式の式辞・告辞の出典は、大阪大学アーカイブズ所蔵の特定歴史公文書等（法人文書）であることを付記しておきます。

最後に、本書出版にご協力いただいた方々に改めて感謝申し上げます。

二〇一八年三月

編者を代表して

菅　真城

は　行

ま　行

や　行

ら　行

わ　行

人名索引

あ行

か行

さ行

た行

な行

岸本忠三 第14代大阪大学総長回顧録

2018年3月30日 初版第1刷発行 ［検印廃止］

編 者 大阪大学共創機構社学共創本部アーカイブズ
飯塚一幸
菅 真城

発行所 大阪大学出版会
代表者 三成賢次

〒565-0871
大阪府吹田市山田丘2-7
大阪大学ウエストフロント
TEL 06-6877-1614（直通）
FAX 06-6877-1617
URL：http://www.osaka-up.or.jp

印刷・製本 尼崎印刷株式会社

ISBN 978-4-87259-615-1 C3023